LES
CATACOMBES
DE
PARIS

PAR

ÉLIE BERTHET

AUTEUR DE

La Marquise de Norville, le Garde Chasse, le Garçon de Banque, etc., etc.

IV

PARIS
L. DE POTTER, LIBRAIRE-ÉDITEUR
RUE SAINT-JACQUES, 38.

LES

CATACOMBES DE PARIS

SUITE DES NOUVEAUTÉS EN LECTURE

DANS TOUS LES CABINETS LITTÉRAIRES

L'Amour à la Campagne, par Maximilien Perrin. 3 vol. in-8.
La Mare d'Auteuil, par Ch. Paul de Kock. 10 vol. in-8.
Les Boucaniers, par Paul Duplessis. 3 vol. in-8.
La Place Royale, par madame la comtesse Dash. 3 vol. in-8.
La marquise de Norville, par Elie Berthet. 3 vol. in-8.
Mademoiselle Lucifer, par Xavier de Montépin. 3 vol. in-8.
Les Orphelins, par madame la comtesse Dash. 3 vol. in-8.
La Princesse Pallianci, par le baron de Bazancourt. 5 vol. in-8.
Les Folies de jeunesse, par Maximilien Perrin. 3 vol. in-8.
Livia, par Paul de Musset. 3 vol. in-8.
Bébé, ou le Nain du roi de Pologne, par Roger de Beauvoir. 3 vol. in-8.
Blanche de Bourgogne, par Madame Dupin, auteur de *Cynodie*, *Marguerite*, etc. 2 vol. in-8.
L'heure du Berger, par Emmanuel Gonzalès. 2 vol. in-8.
La Fille du Gondolier, par Maximilien Perrin. 2 vol. in-8.
Minette, par Henry de Kock. 3 vol. in-8.
Quatorze de dames, par Madame la comtesse Dash. 3 vol. in-8.
L'Auberge du Soleil d'or, par Xavier de Montépin. 4 vol. in-8.
Débora, par Méry. 3 vol. in-8.
Les Coureurs d'aventures, par G. de la Landelle. 3 vol. in-8.
Le Maître inconnu, par Paul de Musset. 3 vol. in-8.
L'Épée du Commandeur, par Xavier de Montépin. 3 vol. in-8.
La Nuit des Vengeurs, par le marquis de Foudras. 5 vol. in-8.
La Reine de Saba, par Xavier de Montépin. 3 vol. in-8.
La Juive au Vatican, par Méry. 3 vol. in-8.
Le Sceptre de Roseau, par Émile Souvestre. 3 vol. in-8.
Jean le Trouveur, par Paul de Musset. 3 vol. in-8.
Les Femmes honnêtes, par Henry de Kock. 3 vol. in-8.
Les Parents riches, par madame la comtesse Dash. 3 vol. in-8.
Cerisette, par Ch. Paul de Kock. 6 vol. in-8.
Diane de Lys, par Alexandre Dumas fils. 3 vol. in-8.
Une Gaillarde, par Ch. Paul de Kock. 6 volumes in-8.
George le Montagnard, par le baron de Bazancourt. 5 vol. in-8.
Le Vengeur du mari, par Em. Gonzalès. 5 vol. in-8.
Clémence, par madame la comtesse Dash. 3 vol. in-8.
Brin d'Amour, par Henry de Kock. 3 vol. in-8.
La Belle de Nuit, par Maximilien Perrin. 2 vol. in-8.
Jeanne Michu, *la bien-aimée du Sacré-Cœur*, par madame la comtesse Dash. 4 vol. in-8.

LES
CATACOMBES
DE
PARIS

PAR
ÉLIE BERTHET
AUTEUR DE

La Marquise de Norville, le Garde Chasse, le Garçon de Banque, etc., etc.

IV

Avis. — Vu les traités internationaux relatifs à la propriété littéraire, on ne peut réimprimer ni traduire cet ouvrage à l'étranger, sans l'autorisation de l'auteur et de l'éditeur du roman.

PARIS
L. DE POTTER, LIBRAIRE-ÉDITEUR
RUE SAINT-JACQUES, 38.

CHAPITRE PREMIER

I

La disparition.

Comme nous l'avons dit, c'était un parti pris chez les religieuses de ne pas laisser à Thérèse une minute de réflexion pendant cette soirée. Quand elle rentra dans sa cellule, deux sœurs converses vinrent lui servir à dîner; puis on apporta les vêtements blancs dont elle devait se parer pour la cérémonie du mariage. Ils étaient riches et d'un excellent goût. Sœur Catherine, qui devait avoir été camériste de bonne maison avant d'entrer en religion, se chargea d'habiller, coiffer, *testonner* et *mirauder* la fiancée, avec l'aide d'une autre religieuse. De son côté, Thérèse, malgré ses craintes, ne restait pas indifférente au plaisir de s'admirer dans sa délicieuse parure, enveloppée dans un long voile de dentelle qui traînait jusqu'à terre. Tous les miroirs de la communauté avaient été mis en réquisition afin qu'elle pût se regarder à loisir ; la naïve enfant oubliait dans cette agréable occupation que ces préparatifs devaient être inutiles, et qu'il s'agissait d'un mariage odieux auquel la mort même lui paraissait préférable.

Cependant, au moment où l'horloge du Val-de-Grâce sonna neuf heures et demie, mademoiselle de Villeneuve commençait à trouver très fade le plaisir de se voir. Elle s'assit, blanche et fraîche comme un lis, devant sa toilette, où brûlaient deux bougies; elle écoutait avec une extrême distraction le babillage des nonnes qui tournaient sans cesse autour d'elle. Thérèse songeait que la voiture devait déjà l'attendre dans la rue voisine; elle se demandait comment elle pourrait se débarrasser de ses incommodes gardiennes quand l'heure convenue avec le sacristain serait arrivée. Son inquiétude devenait plus visible de moment en moment. Un contre-temps nouveau redoubla ses angoisses; sa mère et madame de Mérignac, l'abbesse du Val-de-Grâce, entrèrent tout à coup dans la cellule.

L'abbesse avait un air calme et sûr d'elle-même. Madame de Villeneuve, au contraire, ne pouvait croire à la réalité du changement si prompt qu'on lui avait annoncé. Quoiqu'elle fût déjà parée pour la cérémonie, le mariage lui semblait encore impossible. Cependant, en trouvant sa fille tout habillée et résignée en apparence, un sourire de satisfaction s'épanouit sur ses lèvres.

Thérèse s'était levée avec empressement. A la vue de sa mère, de cette mère qui s'était montrée pour elle si injuste et si dure, les larmes lui vinrent aux yeux.

— Madame, dit-elle d'une voix humble, vous vous êtes donc enfin souvenue de moi?

L'émotion l'empêcha d'en dire davantage. Madame de Villeneuve, très émue elle-même, répondit avec une sévérité affectée :

—A qui la faute, mademoiselle? N'est-ce pas vous dont la ridicule obstination... Mais allons ! s'interrompit-elle d'un ton radouci, on m'apprend que vous êtes devenue raisonnable, et ce n'est pas le moment de vous adresser des reproches. Montrez-vous docile aux volontés de votre famille, mettez votre confiance dans vos protecteurs naturels, et ma tendresse vous sera rendue tout entière.

— Ma mère, balbutia la pauvre enfant dans un mortel embarras, je voudrais pouvoir vous obéir, mais je crains... si le sacrifice que vous me demandez se trouvait au-dessus de mes forces...

— Qu'est-ce à dire? N'êtes-vous pas décidée à la soumission? Nous auriez-vous trompés? Si je pouvais le croire... Chère abbesse, que me promettiez-vous donc?

Madame de Mérignac fronça le sourcil.

— Mademoiselle Thérèse a-t-elle oublié déjà notre conversation d'aujourd'hui ? demanda l'abbesse ; serait-elle assez ennemie d'elle-même pour ne pas étouffer ses absurdes velléités de résistance ? On est toujours assez fort pour accomplir un devoir ; et le premier devoir des enfants n'est-il pas d'obéir à la volonté de leurs familles ?

Thérèse baissa la tête sans répondre. L'abbesse et madame de Villeneuve la crurent convaincue quand elle n'était qu'intimidée. La supérieure jeta sur son amie un regard de triomphe.

— Je vous l'ai dit, ma bonne, reprit-elle à voix basse en souriant dédaigneusement, notre succès est complet ; mais nous ne devons pas nous attendre que le sacrifice s'opère sans quelques regrets. Elle obéira, c'est là l'éssentiel. L'âme d'une jeune fille est une cire molle qui reçoit toutes les empreintes ; nous avons aussi passé par là.

— N'importe, ma chère abbesse, répliqua madame de Villeneuve, si nous réussissons, ce sera grâce à vous, grâce à votre adresse, à votre expérience du cœur humain ; c'est vous qui nous avez tracé ce plan de conduite, et je vois maintenant combien il était sage. La solitude, l'isolement et une certaine dose de fermeté domptent en effet les esprits les plus rebelles. A propos, je suis chargée de vous prévenir que M. de Villeneuve vous avancera les deux cent mille livres dont vous avez besoin pour les réparations de votre couvent ; vous pourrez envoyer à la caisse quand vous voudrez.

Bien que cette nouvelle comblâ secrètement les vœux de l'abbesse, madame de Villeneuve avait rapproché d'une manière trop crue les idées de service et de récompense pour ne pas blesser la fière religieuse.

— Madame, dit celle-ci avec un sourire doucereux, il ne s'agit en ce moment que de vos intérêts de famille.

Madame de Villeneuve s'empressa de réparer sa faute, et la conversation se poursuivit à voix basse.

Thérèse n'entendait pas ce que se disaient les deux matrones, mais elle devinait que sa mère était entièrement livrée aux suggestions d'une femme rigide et sans entrailles. Il ne lui restait d'autre parti que de se soustraire promptement au sort dont elle était menacée. Malheureusement, l'heure d'aller rejoindre Philibert approchait, et l'entretien ne cessait pas. Les sœurs converses, debout dans un coin de la cellule, les mains posées en croix sur leur poitrine, ne faisaient pas non plus mine de sortir.

Enfin madame de Mérignac se leva.

— Vous m'excuserez, chère madame, dit-elle à la mère de Thérèse; mais voici l'heure où mes filles viennent chaque soir dans mon oratoire recevoir ma bénédiction; c'est une sorte de réunion intime où je leur distribue l'éloge ou le blâme, selon leurs actes de la journée, et aucune n'aurait garde d'y manquer... Sœur Dorothée, et vous surtout, sœur Catherine, vous allez m'accompagner.

— Je vous suis, ma révérende mère, répliqua sœur Catherine d'une voix tremblante, car elle devinait quelle réprimande l'attendait pour avoir osé parler du spectre de la religieuse.

— Quant à vous, mon amie, continua la supérieure en s'adressant à madame de Villeneuve, vous pouvez rester avec votre fille jusqu'au moment de la cérémonie..... Cependant, ajouta-t-elle plus bas, vous feriez mieux peut-être de ne pas vous exposer...

— A gâter votre ouvrage par une bévue? répliqua madame de Villeneuve de même. Vous n'avez rien à craindre de pareil... Mais soit ! nous éviterons ainsi quelque scène ridicule, et d'aillleurs, je dois aller attendre à notre nouvel hôtel la famille de Beausset qui viendra nous prendre pour la cérémonie..... Thérèse, poursuivit-elle tout haut en se tournant vers sa fille, je vous rejoindrai bientôt et je compte vous retrouver digne de vous et de moi. Si vous justifiez mon espoir, demain matin vous quitterez l'abbaye du Val-de-Grâce et vous reviendrez auprès de nous jusqu'au jour où votre mariage sera publiquement reconnu..... Il n'est pas de témoignages d'affection dont votre père et moi nous ne soyons disposés à vous combler si vous montrez de la déférence pour nos plus chers désirs.

En même temps elle s'approcha de Thérèse et déposa un baiser sur son front. A cette caresse, la première qu'elle eût reçue de sa mère depuis longtemps, la pauvre petite sentit son cœur se briser ; elle jeta ses bras autour du cou de madame de Villeneuve, et donnant un libre cours à ses sanglots, elle dit d'une voix déchirante :

— Oh! ma mère!... ma mère, pourquoi me mettre dans l'affreuse nécessité de...

Vous tromper, allait-elle ajouter; mais un regard de l'impitoyable religieuse retint sur ses lèvres l'aveu qu'elle était sur le point de laisser échapper.

Madame de Villeneuve, malgré son égoïste ambition, n'était pas entièrement insensible aux souffrances de sa fille unique. L'accent désespéré de Thérèse venait de remuer dans son cœur des fibres engourdies jusque-là. L'abbesse le devina.

— Allons, pas d'enfantillages, reprit-elle sèchement; les larmes signifient encore moins que les paroles, quand les actes seuls sont nécessaires. Du reste, madame de Villeneuve est parfaitement libre de s'attendrir avec sa fille, de renoncer même à ses projets, si telle est maintenant sa fantaisie; pour moi, je ne peux demeurer ici une minute de plus et je remonte dans mon oratoire.

— Et moi, je retourne à l'hôtel, reprit madame de Villeneuve, avec d'autant plus de dureté qu'elle avait une faiblesse à se faire pardonner ; mais vous m'avez mal comprise, ma chère abbesse : aucune considération ne pourrait changer mes résolutions, et j'aimerais mieux n'avoir plus de fille que d'en avoir une rebelle à mes volontés !

Elle sortit avec l'abbesse, qui, du seuil de la porte, dit à Thérèse éperdue :

— Un peu de patience, mon enfant; sœur Catherine reviendra bientôt; en attendant, lisez l'*Imitation* au chapitre des *Devoirs envers le prochain*; cette pieuse méditation vous disposera bien au sacrement que vous allez recevoir. Bonsoir, ma fille.

Et Thérèse resta seule.

CHAPITRE DEUXIÈME

II

La disparition (suite).

Jusqu'à ce moment, la jeune fille avait conservé des doutes sur les sentiments de sa mère à son égard ; elle s'était reproché de la désoler par sa fuite prochaine au lieu de s'adresser à son cœur maternel; mais les cruelles paroles que madame de Villeneuve venait de prononcer en dernier lieu, avant de sortir avec l'abbesse, ôtaient tout espoir de la fléchir jamais.

— Allons, se dit Thérèse quand elle fut seule, en essuyant ses larmes, si ma mère m'abandonne, mon père, du moins, me protégera. Obéissons à mon père... l'heure va sonner, on m'attend déjà sans doute... Mon Dieu, veillez sur moi.

Elle écouta le bruit de voix et de

pas qui s'éloignait. Quand le bruit eut cessé et quand les lumières portées par les religieuses eurent disparu, elle se mit en devoir d'aller rejoindre le sacristain. Elle jeta sur son bras une sorte de camail bourré d'hermine, dont elle comptait se couvrir pour se défendre contre le froid de la nuit. Elle marchait d'un pas léger et rapide. Si quelque religieuse eût traversé les cloîtres en ce moment, elle eût été frappée de terreur en voyant passer cette ombre blanche aux draperies aériennes. Mais toutes les sœurs se trouvaient réunies en ce moment autour de la supérieure, et cette partie de l'abbaye était absolument déserte.

Bientôt elle atteignit l'extrémité du corridor, et, étendant la main, elle rencontra la porte garnie de gros clous qui fermait l'entrée des souterrains. Elle ne s'était donc pas trompée. Rassurée sur ce point, elle appela Philibert à voix basse. Personne ne répondit.

— Je suis arrivée trop tôt, pensa Thérèse ; le sacristain ne peut venir qu'à dix heures, et les dix heures sonneront seulement dans quelques minutes. Attendons.

Elle s'appuya contre la muraille pour apaiser les battements de cœur causés par son émotion et par la rapidité de sa course. Cependant son cœur continuait à bondir dans sa poitrine, à la vérité sous l'influence d'un sentiment nouveau. Ses idées avaient brusquement changé de cours : elle ne songeait déjà plus à la colère de sa mère et de madame de Mérignac, à l'espoir prochain d'embrasser son père et peut-être de revoir Philippe de Lussan; la pusillanimité de la femme l'emportait maintenant sur les instincts de la fille et de l'amante; elle songeait qu'elle se trouvait à la porte de ces souterrains dont on disait de si terribles choses, et la peur s'emparait d'elle.

Le souvenir de la lugubre histoire racontée par sœur Catherine lui revenait à la mémoire. Elle se représentait cette malheureuse religieuse, une victime de l'amour sans doute, enfermée dans l'*in pace* du Val-de-Grâce, où elle était morte de désespoir, de honte, de faim peut-être. N'assurait-on pas que derrière cette porte venait quelquefois gémir et se plaindre l'âme de la pauvre nonne défunte? Thérèse elle-même n'avait-elle pas entendu peu d'heures auparavant, à cette même place, un bruit intérieur que rien ne pouvait expliquer? Ce bruit étrange, qui avait déjà frappé son oreille la nuit d'avant son départ de la maison paternelle, n'était-il pas quelque sinistre révélation d'un monde inconnu? Thérèse en temps ordinaire, eût ri de ces idées; mais la solitude et la persécution rendent superstitieux; à cette heure de la nuit, dans ce silence morne, devant cette porte lugubre, toute sa philosophie s'en allait. L'histoire du spectre de la religieuse et celle du bruit mystérieux se confondaient dans son esprit. C'était la pauvre victime de la règle monastique qui s'était faite entendre... Sans doute la religieuse était là encore, derrière cette planche; elle écoutait, elle regardait, elle scrutait ce qui se passait dans l'esprit terrifié de Thérèse. La porte allait s'ouvrir; la nonne allait paraître, triste, silencieuse, livide.

A cette pensée, la pauvre enfant sentait ses cheveux se dresser sur sa tête ; elle frissonnait sous ses voiles et ses fleurs de mariée.

L'horloge du Val-de-Grâce se mit à sonner dix heures, et les vibrations de la cloche se prolongèrent d'une manière effrayante dans la profondeur des cloîtres.

— Enfin !..... le sacristain va venir ! pensa Thérèse ; je vais quitter cette horrible maison, respirer de l'air pur, embrasser mon excellent père, peut-être...

A cette pensée, son sang circulait plus librement; les sombres nuages qui flottaient devant ses yeux s'évanouissaient déjà.

Au moment où le son du dixième coup s'éteignait lentement, Thérèse crut reconnaître qu'une porte venait de s'ouvrir non loin d'elle; une bouffée d'air lourd et humide frappa son visage.

Cependant elle n'avait pas entendu les pas du sacristain.

— Philibert! Monsieur Aspairt! est-ce vous? demanda-t-elle d'une voix étouffée.

Une main dure et froide comme du marbre saisit la sienne, et on l'entraîna, à ce qu'il lui semblait, vers l'entrée des souterrains.

— Où me conduisez-vous? demanda

la pauvre enfant, dont la terreur imaginaire devenait une terreur réelle.

Une pression énergique de la main de marbre l'avertit qu'elle devait se taire ; puis, la personne inconnue qui la conduisait se mit à descendre les marches d'un escalier tournant, mais sans produire le moindre bruit ; on eût dit que ses pieds ne touchaient pas à terre. Thérèse, cédant à une force irrésistible, se laissait aller machinalement.

— Au nom du ciel ! monsieur Philibert, reprit-elle, parlez-moi..... Nous ne pouvons sortir par la grande porte du couvent, n'est-ce pas? Il y a de ce côté une issue secrète par laquelle nous atteindrons bientôt la rue où la voiture m'attend? Le trajet sera-t-il long? Ne courons-nous pas quelque danger à parcourir ces caves sans lumière?

Même silence farouche et obstiné.

— Je ne veux pas aller plus loin, reprit Thérèse saisie d'une frayeur folle en cherchant à se dégager, je veux retourner à ma cellule. Laissez-moi, je ne veux pas vous suivre, je veux remonter.. Laissez-moi, vous dis-je !

Pour toute réponse, elle sentit deux bras vigoureux la saisir par la taille et l'enlever, malgré ses efforts désespérés. On froissait brutalement sa fraîche parure et on descendait en tournoyant dans un abîme.

— Au secours ! mon père ! Philippe !

au secours! Ce n'est pas Philibert.....
c'est un démon... un spectre... Qui êtes-
vous? au nom de Dieu, dites-moi au
moins qui vous êtes?

On descendait toujours avec une inconcevable rapidité. La malheureuse enfant, ne pouvant obtenir un mot, allongea la main qu'elle avait libre; cette main rencontra une chevelure inculte, puis une barbe hérissée, rude comme le poil d'un sanglier.

— Ce n'est pas Philibert! s'écria-t-elle d'une voix éclatante en se débattant; Philippe, Philippe, à mon secours!

Et elle s'évanouit; on l'emportait, comme le loup affamé emporte sa proie. . . . .
. . . .
. . . .

Un peu avant dix heures, un homme enveloppé d'un grand manteau vint sonner à la porte principale du Val-de-

Grâce, dont la façade était alors en partie masquée par une haute muraille. Philibert, une lanterne à la main, s'empressa d'aller ouvrir.

— Mon cher, dit avec aisance le visiteur, qui n'était autre que l'abbé de Chavigny, je suis un ami de la famille de Villeneuve et je dois assister à la cérémonie de cette nuit. Les invités sont-ils arrivés?

Le sacristain éleva sa lanterne pour

examiner ce personnage inattendu. La figure ordinairement joviale de Chavigny avait pris une expression sérieuse; d'ailleurs ses vêtements noirs, son rabat et son petit collet étaient faits pour inspirer du respect au portier d'un couvent. Philibert salua.

— Vous venez trop tôt, monsieur l'abbé, répondit-il; mais vous pouvez entrer dans l'église; les cierges sont allumés à la chapelle de la Vierge, et vous attendrez en prières que la cérémonie commence.

— Mauvais plaisant ! reprit Chavigny en changeant de ton tout à coup ; la cérémonie ne commencera pas, vous le savez bien, et je pourrais rester en prières jusqu'au jugement dernier... Écoutez-moi ; vous vous nommez Philibert Aspairt, n'est-ce pas ?

Le sacristain répondit affirmativement.

— Eh bien, je connais vos arrangements avec le père de la jeune demoiselle, et je suis envoyé par M. de Villeneuve pour m'assurer si ses volontés ont été ponctuellement exécutées. Mademoiselle Thérèse est-elle déjà partie ?

CHAPITRE TROISIÈME

III

La disparition (suite).

D'abord Philibert hésitait à montrer trop de confiance à ce personnage; mais Chavigny parla si pertinemment du projet de fuite, il cita tant de particularités, qui devaient être connues de M. de

Villeneuve seul, que Philibert le prit vraiment pour un confident du fermier général.

— Allons, reprit-il, vous savez la vérité. J'espère, monsieur l'abbé, que vous ne m'en estimez pas moins? Un autre qu'un père n'eût pu me déterminer à favoriser de semblables projets, m'eût-il offert des millions! Je ne crois donc pas avoir compromis le salut de mon âme. J'ai été père aussi; j'avais une fille charmante... je l'ai perdue. Depuis ce temps, je ne puis voir souffrir une pauvre enfant sans être ému jusqu'aux larmes.

Et le sacristain avait en effet les larmes aux yeux.

— Eh ! mon ami, je suis bien loin de vous blâmer ; vous voyez que moi-même... Mais vous ne m'avez pas dit encore si vous aviez enfin retiré mademoiselle de Villeneuve des griffes de ces endiablées de béguines ?

Ces expressions peu mesurées, surtout dans la bouche d'un abbé, firent ouvrir de grands yeux à Philibert; mais en ce moment les dix heures sonnèrent.

— Dans un instant elle sera libre, répliqua le sacristain ; je vais la chercher.

Et il se dirigeait vers les cloîtres, dont la porte donnait sur cette cour extérieure.

— Alors, je vous accompagnerai, reprit effrontément Chavigny en le rejoignant; je désire parler à mademoiselle Thérèse de la part de son père...

— Vous pouvez attendre ici, dit Philibert avec fermeté en s'arrêtant; un abbé comme vous doit savoir que par une bulle du pape, toute personne pénétrant sans autorisation dans un couvent cloîtré encourt les peines de l'excommunication.

— A vrai dire, je ne suis qu'abbé *in*

minoribus, et je ne connais pas parfaitement les canons de l'Église... Mais je dois avoir les dispenses nécessaires, car je suis le neveu d'un évêque. Vous me permettrez donc...

— Je ne permettrai rien de contraire à mes devoirs de chrétien et de portier du Val-de-Grâce, dit Philibert, à qui les airs évaporés de Chavigny commençaient à donner des soupçons ; restez dans la cour ou bien entrez dans l'église ; mais ne me retenez pas davantage, car l'heure est passée, et une minute de retard peut tout perdre.

Il suspendit sa lanterne à la muraille, ouvrit la porte du cloître avec une clé de son trousseau et la referma sur lui.

Chavigny n'insistait plus pour l'accompagner; aussi bien, en cherchant à pénétrer dans le couvent, il n'avait fait qu'obéir à son goût dominant pour les entreprises audacieuses. Il se mit donc à se promener en attendant le retour de Philibert.

Son attente ne fut pas longue. Bientôt le sacristain reparut pâle, les traits bouleversés; il courut décrocher la lanterne et se disposait à rentrer dans le couvent.

— Eh bien! demanda Chavigny, qu'est-il donc arrivé? Pourquoi ne vois-je pas mademoiselle Thérèse?

— Dieu le sait, monsieur! répliqua Philibert avec précipitation; la porte des souterrains, dont pourtant j'ai seul la clé, est toute grande ouverte, et dans l'escalier tournant on entend des cris, des lamentations... J'ai reconnu la voix de mademoiselle de Villeneuve... Comment cette enfant se trouve-t-elle là ? c'est ce que je vais apprendre maintenant que j'ai de la lumière...

— De quels souterrains parlez-vous donc ?

— Hé ! de ces anciennes carrières dont une entrée se trouve au Val-de-Grâce. Peut-être mademoiselle Thérèse ne me voyant pas venir, aura-t-elle essayé de s'échapper par là... Mais non, c'est impossible, puisqu'elle appelle du secours !... enfin, je vais descendre; le père m'a donné de l'argent pour que je veille sur elle, je n'abandonnerai pas la pauvre petite !

— Malheureux ! s'écria Chavigny, mais vous ignorez à quels dangers, elle et vous, vous serez exposés dans ces horribles souterrains ! Du moins procurez-vous des armes, des provisions...

— Je n'en ai pas le temps... Tenez ! l'entendez-vous ?

Chavigny prêta l'oreille : on saisissait en effet dans l'éloignement des sons faibles et déchirants.

— Thérèse touche de près à une personne qui m'est chère ! reprit-il chaleureusement ; mon ami, cette fois vous me permettrez bien de vous suivre ?

— C'est impossible, répondit Philibert ; ici est la limite que vous ne devez pas dépasser... Pour moi, j'ai déjà trop tardé.

Et il rentra dans le cloître sans écouter l'abbé qui le rappelait avec instances.

Chavigny demeura seul devant la porte, prêtant l'oreille aux bruits légers qui venaient de l'intérieur. Malgré sa frivolité naturelle, il éprouvait des angoisses inexprimables. Quel parti prendre? fallait-il donner l'alarme au couvent? Mais alors n'était-ce pas compromettre les projets de fuite de Thérèse, perdre Philibert, provoquer d'orageuses scènes de famille? D'ailleurs à quels fâcheux commentaires cette aventure ne donnerait-elle pas lieu parmi les nonnes et plus tard dans le public! Comment l'abbé expliquerait-il sa présence au Val-de-Grâce à pareille heure? Il ne savait à quoi s'arrêter, quand des voix animées s'élevèrent dans la maison. Tout à coup la porte se rouvrit et sœur Catherine appela Philibert avec inquiétude. Ne recevant pas de réponse, elle courut à la loge occupée par le portier, et appela de nouveau. Enfin elle revint en toute hâte vers le cloître et dit d'un ton désespéré à une autre personne que Chavigny ne pouvait voir :

— Ma sœur, courez bien vite annoncer à notre révérende mère qu'un grand scandale vient d'arriver... On ne peut trouver nulle part le sacristain, et mademoiselle de Villeneuve a disparu de sa cellule.

Le petit abbé ne jugea pas à propos d'en entendre davantage ; sans doute cette nouvelle allait mettre l'abbaye en rumeur et amener des recherches qui pouvaient devenir embarrassantes pour lui. Aussi, s'apercevant que Philibert avait laissé intérieurement la clé à la

porte de la rue, il s'empressa d'en profiter et sortit.

Cependant la pensée du danger auquel pouvait se trouver exposée Thérèse
de Villeneuve continuait d'agiter son
esprit ; dans sa mortelle incertitude, il
résolut d'en référer à Philippe.

— Heureusement, pensa-t-il, ce cher
Lussan doit être à deux pas d'ici. Il est
plus prudent et plus avisé que moi ; il
décidera de ce que nous avons à faire.

Il gagna rapidement la rue de Notre-Dame-des-Champs, voisine du Val-de-Grâce. En entrant dans cette rue étroite et sombre, il aperçut une chaise de poste arrêtée ; les portières étaient fermées ; le cocher, enveloppé dans ses fourrures, semblait endormi sur son siége. Mais le petit abbé ne songea pas à la voiture. Il se mit à rôder de çà et de là, et finit par découvrir, sous le porche de l'église Notre-Dame-des-Champs, un personnage immobile et muet, drapé comme lui dans un ample manteau : c'était Philippe de Lussan.

Celui-ci, en reconnaissant l'abbé, ne

put retenir un mouvement de contrariété.

— Chavigny, dit-il avec humeur, je t'avais instamment prié...

— Chut! il s'agit bien de cela ! Philippe, sais-tu ce qui se passe?

Et l'abbé raconta comment Thérèse de Villeneuve s'était fourvoyée dans les carrières, comment le sacristain Philibert la cherchait en ce moment, et comment enfin tout le Val-de-Grâce était en alarmes par suite de cette double disparition. Philippe fut frappé d'épouvante.

— Mais ils vont se perdre! s'écria-t-il. Il doit y avoir là-dessous quelque machination!... Peu importe toutefois, le plus pressé est de voler au secours de Thérèse.

— Oui, essaie un peu de forcer l'entrée d'une abbaye royale!... Même dans ce cas de nécessité pressante, le vieux sacristain n'a pas voulu me laisser franchir la porte du cloître ; juge comme nous serions reçus par ces nonnes rigoristes !... Ensuite il ne faut pas trop s'effrayer ; peut-être Philibert aura-t-il retrouvé mademoiselle de Villeneuve et l'aura-t-il ramenée dans sa cellule.

— Chavigny, Dieu m'en est témoin, dût Thérèse ne jamais m'appartenir, je voudrais la savoir hors de ces souterrains maudits où nous avons pensé périr nous-mêmes ! Si nous allions conter, soit à l'abbesse du Val-de-Grâce, soit à la famille de Villeneuve, ce que le hasard t'a révélé ?

— Dans ce cas, comment notre intervention serait-elle prise ? qui sait même si l'on voudrait nous croire ? D'ailleurs que de temps perdu !... Quant à moi, Lussan, j'avais une autre pensée. Crois-tu que ces excavations du Val-de-Grâce communiquent avec celles dont l'entrée se trouve dans mon logis de la rue de Vaugirard ?

— Sans aucun doute. J'approuve ton idée, Chavigny ; je puis descendre par l'escalier de la rue de Vaugirard et il me sera facile de gagner la portion des souterrains creusée sous le Val-de-Grâce.

— Facile! et comment feras-tu ?

— Je m'aiderai d'une boussole, d'un fil conducteur, que sais-je? Mais partons sans retard. Oh! si ma Thérèse était tombée au pouvoir de ces gens qui se cachent dans les carrières et causent de si grands désastres !

— Cela ne serait pas impossible. Mais voyons, Philippe, es-tu bien résolu à t'aventurer de nouveau dans cet enfer ?

— J'y suis résolu.

— Il faut bien alors que je t'accompagne. Je t'accompagnerai.

— Toi ! oublies-tu donc l'horreur invincible que tu m'as témoignée pour ces souterrrains, depuis le jour...

— Je n'oublie rien. Mais quand Thésée descendit aux enfers, Pirithoüs était inexcusable de ne pas l'y suivre pour l'aider à frotter Pluton et à enlever Proserpine. C'est décidé : si le diable nous tord le cou, il nous le tordra de compagnie. Pas un mot, je suis aussi têtu que toi... Seulement nous devons avant tout nous assurer si la pauvre petite est encore dans les carrières, car il serait fâcheux de nous exposer sans utilité à des dangers forts réels.

— En effet, mais comment savoir ?...

— Bah ! tu es embarrassé de tout. Retournons au Val-de-Grâce et nous tâcherons, à la faveur du trouble causé par cet événement, d'apprendre la vérité.

— Nous ! Y songes-tu ?

— Fie-t'en à moi. Ramène le pan de

ton manteau sur ton visage, ne souffle mot et laisse-moi faire.

— Allons! je te suis; mais du moins sois prudent et surtout abrégé, car le temps est précieux.

Ils gagnèrent de nouveau le faubourg Saint-Jacques, et Chavigny vint sonner à la grande porte du couvent. On resta quelques instants sans répondre.

— Que vas-tu dire ? demanda Philippe.

— Ma foi ! je n'en sais rien. La fortune favorise les audacieux !

CHAPITRE QUATRIÈME

IV

La disparition (suite).

—En ce moment deux carrosses arrivaient au grand galop. Ils s'arrêtèrent devant l'abbaye, et pendant que des laquais allaient sonner à leur tour, les maîtres mirent pied à terre. C'étaient monsieur et madame de Villeneuve d'une part, de l'autre le duc de Beausset avec un vieillard couvert de décorations françaises et étrangères, qui semblaient être son père. Les deux familles échangèrent quelques paroles à voix basse. Lussan et Chavigny s'étaient un peu retirés à l'écart pour n'être pas aperçus.

Enfin, on entendit tousser dans la cour, puis la porte s'ouvrit et sœur Catherine parut une lanterne à la main.

En reconnaissant madame de Villeneuve, et elle se mit à pleurer et à sangloter :

— Ah ! madame, s'écria-t-elle, qu'allez-vous penser ? Quel malheur ! quel scandale ! Ce n'est pas ma faute, je vous jure ! La sainte Vierge sait que ce n'est pas ma faute !

— Bon Dieu ! chère sœur, qu'avez-vous donc ? demanda madame de Villeneuve avec inquiétude.

— Quelque miracle! marmotta le gros fermier-général en riant à demi.

— Serait-il survenu des obstables au mariage? demanda le vieux duc de Beausset d'un ton d'humeur; en ce cas, je regretterais fort d'avoir veillé jusqu'à minuit, moi qui suis toujours couché à dix heures.

On était entré dans la cour; Lussan et Chavigny, bien enveloppés de leurs manteaux, avaient suivi leurs interlocuteurs. La religieuse, les prenant pour des invités, les avait laissés passer; chacune des deux familles les considérait comme étant des amis de l'autre.

— Madame, dit la religieuse, montez dans le cabinet de la révérende mère, elle vous contera tout.

— Mais enfin que s'est-il passé? je veux le savoir!

— Bah! vous verrez que l'espiègle fiancée aura disparu au plus beau moment! fit le fermier-général d'un ton goguenard.

— Monsieur de Villeneuve pourrait nous épargner des plaisanteries au moins déplacées, dit aigrement sa femme.

Mais l'observation du financier avait frappé sœur Catherine.

— Disparue! répéta-t-elle en s'arrêtant : vous savez donc, mon bon monsieur, qu'elle a disparu? Vous savez où elle peut être! Oh! de grâce, tirez-nous de peine... Notre abbesse et toutes nos sœurs sont dans une mortelle inquiétude.

— Moi, ma chère, je ne sais rien du tout.

— Sœur Catherine, demanda madame de Villeneuve en saisissant le bras de la religieuse, de qui parlez-vous? Où est ma fille?

— Madame l'abbesse vous le dira..... Venez.

— Je ne ferai pas un pas qu'on n'eût répondu à mes questions; Thérèse...

— Eh bien! madame, pendant que j'étais allée recevoir la bénédiction de notre révérende mère, mademoiselle Thérèse a quitté sa cellule. Philibert, notre sacristain, est parti sans doute en même temps qu'elle, car on l'a vainement cherché dans toute la maison.

— Est-il possible!... Ma fille! qu'est devenue ma fille?

— Allons, allons, elle se retrouvera, que diable! dit le financier. Ne vous désolez pas tant, madame.

— Monsieur de Villeneuve! s'écria sa

femme avec énergie, vous êtes du complot !..... C'est là sans doute un de vos tours, car vous avez toujours désapprouvé ce mariage.

Elle se mordit les lèvres en s'apercevant que MM. de Beausset, père et fils, l'écoutaient attentivement.

— Ma chère amie, balbutiait le financier avec embarras, je vous jure, je donnerais cent mille livres pour que vous fussiez persuadée....

— Je vois ce dont il s'agit, dit sèchement le vieux duc de Beausset, fort morose en tout temps, mais que la privation de sommeil rendait en ce moment plus morose encore qu'à l'ordinaire : on ne savait sans doute comment retirer sa parole et l'on a imaginé cette comédie, dans laquelle chacun a pris son rôle ! Mais ni mon fils ni moi ne sommes dupes. On nous fait une insulte, une insulte grossière, et si quelqu'un, dans la famille de Villeneuve, voulait en rendre raison...

— Mon père, s'écria le jeune duc

avec empressement, c'est à moi surtout que cette insulte s'adresse, et je revendique le privilége...

— Moi, je ne rends raison de rien, dit le financier; mais, morbleu! si ma fille n'a pas de goût pour certains partis, je le comprends sans peine.

Il y eut une scène vive et animée entre ces quatre personnes. Chavigny profita de la confusion pour entraîner Philippe en lui disant à l'oreille :

— Partons ; nous savons ce que nous désirions savoir.

— Laisse-moi, je veux m'offrir à M. de Villeneuve pour être son champion, pour rabattre l'orgueil de ces insolents gentilshommes !

— Voilà, mon cher, une folie qui vaut cent de mes folies les plus pommées... Pendant que tu tirerais l'épée avec MM. de Beausset, père ou fils, qui donc porterait secours à Thérèse ?

— On pourrait remettre la partie..... Mais, du moins, laisse-moi les engager à visiter les souterrains...

— Tout avis donné par toi semblerait suspect. Souviens-toi comment on te reçut, de ton propre aveu, quand tu vins annoncer l'écroulement prochain de l'hôtel de Villeneuve. Ton intervention dans cette affaire gâterait tout. Agissons de notre côté et laissons agir les autres. Dans un instant les choses vont s'éclaircir. Le père, en voyant revenir vide la voiture qui attend dans la rue voisine, comprendra que le coup est manqué et que Thérèse ne peut être partie pour Senlis. Alors on visitera l'abbaye du haut en bas ; on descendra dans les souterrains, et sans doute on retrouvera la petite, si, de notre côté, nous ne l'avons retrouvée déjà.

Tout en parlant, il avait ouvert la porte extérieure, à laquelle était restée la clé ; ils sortirent du couvent sans que personne fît attention à eux.

Philippe n'était pas entièrement convaincu par les raisonnements de son ami; mais il ne voulut pas tarder davantage à exécuter son projet.

— Chavigny, dit-il d'un ton ferme, as-tu bien réfléchi aux dangers que nous allons braver? Es-tu bien décidé à me suivre?

— Je t'ai toujours dit, Lussan, que je te suivrais au diable, et cette fois, je pense, je tiendrai ma parole à la lettre.

— Soit donc! mais, avant de descendre dans les vides, je veux prendre chez moi certains objets qui peuvent seuls rendre nos recherches fructueuses ; mon absence ne sera pas longue ; dans une demi-heure, je te joindrai rue de Vaugirard.

— Je vais t'y attendre. De mon côté, je me procurerai les provisions indispensables. Oh! cette fois, je te le jure, je ne serai pas pris au dépourvu, comme la première. Tu verras! tu verras!... Mais, dis donc, ajouta Chavigny avec sa jovialité ordinaire, ne songes-tu plus que tu devais cette nuit *frapper le lion* en compagnie de ce bon abbé de la Croix.

Philippe ne jugea pas à propos de répondre à cette plaisanterie de l'incorrigible étourdi. Après s'être concertés sur quelques autres points de détail, ils se séparèrent pour aller se préparer à leur périlleuse entreprise.

CHAPITRE CINQUIÈME

V

Les vides.

La demi-heure convenue n'était pas écoulé que Philippe de Lussan arrivait tout en nage chez Chavigny. Il trouva celui-ci en train d'achever ses préparatifs, et certes il se fût agi d'un voyage au long cours, que ces préparatifs n'eussent pas été plus considérables. Les tables, les fauteuils étaient chargés d'une foule d'objets différents, que le petit abbé se proposait d'emporter ; c'étaient des pistolets et du chocolat, un flacon de liqueur et de la poudre, toutes les espèces alors connues de briquets et d'allumettes, cinq ou six paquets de bougies, des cervelas, un pain tout entier, enfin, de quoi charger quatre hommes. Au milieu de ces choses hétérogènes. Chavigny allait et venait d'un air effaré.

— Ah ! te voilà, dit-il à Philippe, je

suis à toi... T'es-tu procuré ce qui peut nous être nécessaire ?

Lussan exhiba le contenu de ses poches ; un plan de Paris, une boussole en forme de montre et des crayons de diverses couleurs.

— Avec cela, dit-il, j'espère pouvoir nous diriger dans les carrières ; j'ai fait ces jours-ci des études qui nous seront utiles peut-être... Mais voyons, Chavigny, n'es-tu pas prêt encore ?

— Un moment donc! Parce que tu t'es muni d'une aiguille aimantée et de quelques paperasses, tu crois avoir pourvu à tout. Quant à des provisions, à de la nourriture, à du luminaire, tu n'y as pas plus pensé qu'aux cornes de Bélzébuth. Heureusement, j'y ai pensé pour toi... Prends ces deux briquets; les étuis, parfaitement clos, conserveront l'amadou sec, lors même que tu les tiendrais plongés dans l'eau pendant six mois; j'en ai deux semblables. Fourre aussi ces allumettes et ce paquet de bougies dans les poches de ton habit; nous pouvons être séparés, il est bon de nous précautionner à tout événement. Ce chocolat est pour toi, et aussi cette demi-douzaine de brioches...

— Mais, au nom du ciel! Chavigny, à quoi songes-tu? Chargés ainsi, nous serons incapables de nous mouvoir, et si l'on nous attaquait...

— Nous nous en battrons plus vaillamment, si nous sommes assurés d'y voir clair et de ne pas mourir de faim après la victoire. Laisse-moi donc approvisionner la place afin que nous puissions tenir longtemps devant l'ennemi. Nous n'emportons rien qui ne soit rigoureusement nécessaire, et tu vas voir que je ne m'épargne pas moi-même !

Il entassa le reste des approvisionnements dans un grand sac de chasseur et jeta ce sac sur son épaule, ce qui produisait, avec son costume d'abbé et son rabat de dentelles, une singulière disparité. Vainement essaya-t-il de lui faire abandonner quelques-uns des objets les plus embarrassants ; Chavigny n'en voulut pas démordre.

— Allons! dit-il enfin en se tâtant avec complaisance, je crois que je n'oublie rien... Ah ça! Philippe, tu as des armes ?

— J'ai mes pistolets et mon épée.

— C'est à merveille..... Tiens, cette lanterne est encore pour toi; moi, j'ai l'autre, l'ancienne... tu sais? Et maintenant, je suis prêt à braver Pluton, Cerbère, Satan, la Triple-Hécate, Lucifer, tous les diables de la mythologie et de l'Ancien-Testament!...

Ils sortirent de la chambre, descendirent l'escalier et arrivèrent à la cave, dont Chavigny avait conservé la clé. A l'extrémité de cette cave apparut, au beau milieu des décombres, l'entrée des carrières. A cette vue, le beau courage de Chavigny parut fléchir; le souvenir des angoisses inexprimables qu'il avait éprouvées dans ces lieux formidables lui revint à l'esprit. Il s'arrêta ; Philippe remarqua son trouble.

— Je crains, mon pauvre abbé, dit-il affectueusement, que tu n'aies trop présumé de tes forces. Il est temps encore de revenir sur tes pas. Grâce aux approvisionnements dont tu viens de me charger, je puis impunément m'égarer. N'essaie donc pas de surmonter une répugnance bien naturelle.

— Ouais ! reculer comme un poltron,

quand mes mesures sont si bien prises? Je n'ai pu me défendre contre un premier mouvement, mais c'est fini... Allons! tous les jours on n'éteint pas sa lanterne sans avoir les moyens de la rallumer... En avant! te dis-je. Si maintenant tu voulais revenir en arrière, je serais capable d'aller seul. C'est un défi que je me suis jeté à moi-même!

En même temps, il se mit à descendre légèrement, malgré son fardeau, l'interminable spirale de l'escalier en ruines; Philippe, le voyant si plein d'ardeur, n'hésita pas à le suivre ; au bout de quelques instants, leur pied toucha le sol blanchâtre des vides.

Là, les choses étaient absolument dans l'état où ils les avaient laissées. Toujours ce silence morne, ces galeries basses et étroites, soutenues de temps en temps par de fréquents piliers. En abaissant leurs flambeaux, ils purent reconnaître la trace de leurs pas, encore imprimée dans la boue argileuse ; mais, à côté de cette trace, ils en aperçurent une autre. C'était une empreinte, parfaitement distincte, de pieds nus; elle venait jusqu'à la première marche de l'escalier, puis, se repliant sur elle-même, elle allait rejoindre une galerie latérale où elle ne tardait pas à disparaître.

Les deux amis l'examinèrent avec intérêt. Elle appartenait sans doute au personnage inconnu qui leur avait rendu de si grands service lors de leur première descente dans les carrières.

— Oui, ces pas ne peuvent être que

les siens, dit Philippe; cette trace est celle de notre libérateur quand, après mille détours, il vint déposer la lanterne sur la première marche de l'escalier.

— Et il n'usait pas de souliers à cette besogne, à ce qu'il paraît, dit Chavigny avec une gaîté forcée. Enfin, diable ou non, c'est toujours un bon diable... Ah ça, tu ne devines pas, Lussan, quel peut être l'original qui vit ici pour son plaisir et s'amuse à faire des niches, bonnes ou mauvaises, aux pauvres vivants?

— D'après l'empreinte de son pied, ce doit être un homme jeune et robuste. Quant à soupçonner pour quel motif une créature humaine accepte un pareil genre de vie, je le laisse à de plus sagaces... Mais toi, l'abbé, n'as-tu pas vu la figure de cet inconnu à la lueur rapide d'un pistolet, lorsque nous étions perdus dans les vides?

— Ce n'était certainement pas une

belle figure, dit Chavigny d'un air de malaise; mais la flamme du coup s'éteignit si vite, que je ne saurais me rappeler aucune particularité de costume et de traits.

Tout en parlant, les deux amis parcouraient le couloir qui partait en droite ligne de l'escalier. Philippe avait tiré de sa poche des crayons noirs avec lesquels il faisait de temps en temps des marques sur les parois de la carrière, afin de pouvoir se reconnaître au retour.

Ils atteignirent ainsi le premier carrefour, où se croisaient un grand nombre de routes ; cette fois, Philippe consulta son plan et sa boussole. Il choisit la galerie qui lui semblait se diriger le plus franchement vers le sud-est, et ils continuèrent d'avancer d'un pas rapide.

Bientôt ils remarquèrent avec inquiétude que les infiltrations du sol devenaient abondantes ; souvent, ils étaient obligés de traverser des flaques d'eau d'une certaine étendue. Cependant, ils ne perdaient pas courage et leur marche n'était pas ralentie, quand une flaque d'eau plus considérable que les autres les arrêta tout à coup. Ils élevèrent leurs lanternes de manière à projeter la lumière au loin. Jusqu'aux dernières limites du rayon lumineux, on ne voyait que cette eau froide, limpide, immobile. Chavigny lança une pierre de toute sa force ; la pierre, en retombant, produisit ce bruit sourd et plein qui annonce des eaux profondes.

— Impossible de passer, dit Lussan

avec chagrin; aussi bien, continua-t-il en consultant sa boussole, cette galerie tourne trop au nord; essayons d'une autre.

Ils revinrent au carrefour, et s'engagèrent dans un couloir qui leur parut encore devoir les conduire à leur but. Mais au bout d'une centaine de pas, le même obstacle se présenta : les eaux leur barraient de nouveau le passage.

— Fatalité ! dit Philippe, c'est une

inondation ! nous sommes ici dans la partie de ces souterrains la plus voisine de la Seine, et nous voyons l'effet des infiltrations du fleuve.

— Une inondation dans cette saison de l'année, au mois de mai ! Tu n'y penses pas, Philippe ; jamais la rivière n'a été aussi basse qu'en ce moment. Je le sais bien, moi, puisque j'ai passé deux heures, hier, à regarder, du haut du pont Neuf, un chat qui se noyait !

— Mais les eaux ont été fort hautes

l'hiver dernier, et il leur faut plusieurs mois pour traverser l'épaisse couche de pierre qui s'étend au-dessus de nos têtes. Ici, les inondations doivent être en raison inverse de celles de la rivière, comme dans certains puits voisins de la mer, les eaux diminuent quand la marée monte et s'élèvent quand la marée baisse... Il faut encore changer notre itinéraire... Mon Dieu ! mon Dieu ! ne me permettrez-vous donc pas de secourir ma pauvre Thérèse ?

Et ils rebroussèrent chemin.

— Philippe, dit enfin le petit abbé qui trottinait tout pensif derrière son compagnon, à mon avis, cette circonstance n'est pas absolument contraire à nos projets. Si la plus grande partie de ces souterrains est envahie par l'inondation, nous devrons opérer nos recherches dans un cercle plus restreint, et notre tâche en sera plus facile.

— Tu as raison, Chavigny ; mais sommes-nous sûrs que les eaux n'aient pas coupé les communications entre l'endroit où nous sommes et les vides du Val-de-Grâce ?

— Dans ce cas, Philippe, que ferions-nous ?

Tu retournerais à l'escalier de la rue de Vaugirard et moi j'irais en avant, dussé-je avoir de l'eau jusqu'à la ceinture !

— Bon ! crois-tu donc qu'un bain m'effraierait plus que toi ? Pourvu que je pusse élever ma lanterne et mon briquet au-dessus de l'eau, je te suivrais à travers les sept fleuves de l'enfer, qui sont : le Styx, le Léthé, le Ténare, l'Averne, le Cocyte, le Phlégéton et... et... ma foi ! j'ai oublié le septième.

Pendant cette conversation, ils étaient revenus au carrefour et Philippe avait de nouveau consulté sa boussole.

— Marchons tout à fait au sud ; dit-il, nous passerons sous le Luxembourg et les chartreux de la rue d'Enfer ; dans cette partie des vides éloignée de la

Seine, nous risquons moins de rencontrer l'inondation.

— Marchons au sud, répliqua Chavigny avec insouciance.

Et pour se donner des forces, il se mit à grignoter une brioche qu'il arrosa d'un bon doigt de liqueur des Barbades.

Ils avaient pris une galerie montante,

dont le sol était dur et solide ; malheureusement, elle faisait des détours continuels, et Philippe, peu familier avec l'usage de la boussole, n'en pouvait déterminer exactement la position relative. D'ailleurs, elle était interrompue à chaque instant par des ateliers qui ne permettaient pas d'en retrouver avec facilité le prolongement. Toutefois, le sol continuait à demeurer sec autour d'eux. L'inondation, qui avait gagné la portion des carrières situées approximativement sous les rues Cassette, de Tournon et sous la place de l'Odéon, n'avait pas envahi ce côté. Ils croyaient pouvoir atteindre sans peine le Val-de-Grâce, quand un nouvel obstacle vint les arrêter : un éboulement obstruait la galerie.

Les deux amis ne purent retenir une exclamation de désappointement ; mais à quoi servait la colère ? Il leur fallait encore une fois revenir sur leurs pas. Philippe, avant de s'éloigner, jeta machinalement un regard sur l'éboulement qui leur barrait le passage. Cet amas de pierrailles sans adhérence entre elles devait être tout récent ; il contenait des morceaux de bois, des pierres façonnées et même des fragments de verre et de poteries.

— Voilà sans doute, dit Lussan, les débris d'une de ces maisons qui croulent à chaque instant sur la voie publique. Ces signes ne sauraient nous tromper.

— Ce sont peut-être les ruines de l'hôtel de Villeneuve, hasarda Chavigny.

— Non, non, répondit Philippe en jetant les yeux sur le plan de Paris qu'il tenait tout ouvert à la main : c'est plutôt la maison de la rue d'Enfer. Mais regarde ceci, Chavigny.

Et Lussan lui montrait un de ces piliers formés par les anciens créateurs des carrières avec cinq ou six moellons superposés. Celui-ci semblait avoir été miné ; mais une partie seule avait sauté, laissant à nu la pierre fracassée encore noircie par l'explosion.

— Mes prévisions étaient justes, poursuivit Philippe tristement : n'est-ce pas une main humaine qui a déterminé la chute de l'édifice dont nous voyons les débris ?

— Tu as raison, et par le ciel! il y a seulement quelques jours que cette mine a éclaté : la pierre conserve encore une odeur de poudre.

— Allons, ne nous arrêtons pas ici ; nous ne pouvons rien pour empêcher le mal accompli... Mais, après le bonheur de retrouver saine et sauve ma pauvre Thérèse, je ne souhaiterais rien autant que de découvrir les auteurs de ces crimes abominables!

Il fallut donc pour la troisième fois revenir en arrière, et ils prirent une route libre et sûre en apparence. En revanche, l'infaillible boussole leur disait que ce couloir ne se dirigeait pas vers le Val-de-Grâce. Ils le suivirent néanmoins, espérant trouver bientôt une galerie latérale qui les conduirait plus directement au but de ce périlleux voyage souterrain.

CHAPITRE SIXIÈME

VI

Les vides (suite).

Depuis une heure ils erraient dans les vides, quand leurs oreilles furent frappées d'un bruit sourd, régulier, continu ; on eût dit d'un lourd marteau résonnant sur l'enclume. Ils pensèrent d'abord que ce fracas venait de la surface du sol ; mais quel forgeron du quartier latin pouvait travailler à cette heure de la nuit? D'ailleurs, au frémissement du sol autour d'eux, comme à l'augmentation du bruit à mesure qu'ils avançaient, ils jugèrent que la cause en était dans les carrières mêmes.

Ils parcouraient alors une galerie qui, s'élargissant de plus en plus, semblait devoir se terminer par un vaste atelier. Ils précipitèrent le pas. De minute en minute les coups devenaient plus distincts, plus retentissants ; bientôt même ils parurent s'élever tout près de nos chercheurs d'aventures. Aussi quel fut le désappointement de ceux-ci quand ils trouvèrent tout à coup la galerie barrée, non plus par un éboulement, mais par un mur solide en maçonnerie ! Ils s'arrêtèrent consternés.

— Ma foi ! le diable s'en mêle, dit le petit abbé. Les obstacles et les difficultés se multiplient d'une façon vraiment décourageante !

— Et pourtant nous ne devons pas

nous décourager, reprit Lussan avec énergie ; nous ne devons pas reculer. Il faut absolument parler aux personnes qui sont derrière cette muraille ; peut-être apprendrons-nous par elles des nouvelles de Thérèse. Chavigny, ne se trouve-t-il pas dans ton sac un crampon de fer, un marteau, un outil quelconque pour démolir ce mur?

— Démolir ce mur! Mais, avec des outils convenables, il nous faudrait au moins vingt-quatre heures, et nous n'avons rien qui puisse servir à cette besogne.

— Je vais briser mon épée, et avec le tronçon...

— Et comment te défendras-tu si nous trouvons des ennemis nombreux de l'autre côté ? Ton projet ne vaut rien, cherchons mieux..... Voyons, d'autres galeries doivent aboutir au carrefour où nous entendons ce bruit étrange ; peut-être trouverons-nous, sur un autre point, des clôtures moins solides.

— C'est possible, mais le temps se

passe! Et Thérèse, ma pauvre Thérèse!

Ils s'enfoncèrent dans un autre couloir, et guidés par le bruit souterrain qui ne cessait pas, ils purent bientôt revenir vers le caveau habité. De ce côté un mur leur barrait encore le passage, mais il n'opposait pas un obstacle aussi sérieux que le premier à leur curiosité. Le ciel de la carrière, en pesant sur lui, l'avait fait fendre en plusieurs endroits. Les deux amis déposèrent leurs lanternes derrière un remblais; puis ils vinrent appliquer leur œil aux fissures d'où s'échappait un rayon lumineux.

Un vaste caveau soutenu par des piliers en maçonnerie et éclairé par un grand nombre de lampes était devant eux. Ce caveau avait l'aspect d'une usine en activité. Il était encombré d'ustensiles et d'outils de diverses natures. On voyait çà et là des fourneaux, des creusets, des blocs de métal, des matras qui semblaient contenir des compositions chimiques. Une forge, dont la flamme était sans cesse excitée par un double soufflet, répandait une lumière éblouissante. Au ciel de la carrière on remarquait une machine de forme singulière dont le lourd battant, toujours en mouvement, produisait ces coups sourds que les deux amis avaient entendus de loin. Cinq ou six personnes, en habit d'ouvriers et en tablier de cuir, travaillaient avec ardeur; l'une faisait fondre le métal dans les fournaises, l'autre mettait en mouvement le pesant balancier, d'autres enfin maniaient des objets brillants et polis dont on entendait le son argentin sous les limes. Un petit vieillard vêtu de brun, en perruque bien poudrée, en souliers à boucles, allait et venait d'un air de maître et semblait diriger les travaux.

Les deux amis contemplaient avec stupéfaction cette scène inattendue.

— Parbleu ! dit enfin Chavigny, ce sont des alchimistes, des chercheurs du grand-œuvre, des *souffleurs*, comme on disait jadis.

— Ce sont des faux monnayeurs! dit Philippe à voix basse.

— Bah! pas possible... Tu as raison, poursuivit Chavigny après un nouvel examen, ce sont bien des faux monnayeurs... Mais... attends donc... ne me trompé-je pas? ce petit vieux en catogant et en habit tabac d'Espagne qui paraît être le chef de l'atelier, ne serait-ce pas... oui, ma foi! c'est lui! c'est le mari de Rosette, c'est M. Bonnard!

— Que dis-tu? cet usurier dont tu m'as tant parlé, ce prêteur sur gages...

— Il est devant toi, Philippe; je ne

l'avais pas reconnu d'abord, parce que j'étais ébloui par la flamme de cette forge..... M. Bonnard un faux monnayeur! voilà donc l'origine de sa grande fortune! Et dire que je lui ai emprunté de l'argent, que peut-être, à mon insu, j'ai été le distributeur de ses écus frelatés? Cela crie vengeance et je me vengerai..... Je ne m'étonne plus maintenant si Rosette est toujours libre le soir! Eh bien, Philippe, que décides-tu? Démolirons-nous cette muraille pour causer une effroyable peur à ce vieux coquin et à ses complices? Ce ne sera pas difficile.

— A quoi bon? dit Lussan; évidemment ce caveau n'a pas de communication avec le reste des carrières, et ces gens tout occupés de leur coupable besogne ne pourraient nour fournir aucun renseignement... Laissons-les donc en repos et continuons notre route... Dis-moi seulement, mon cher Chavigny, où demeure l'usurier Bonnard?

— Rue Sainte-Hyacinthe, en face l'auberge du Plat-d'Etain... Mais pourquoi cette question, Philippe?

— Selon toute apparence, ce caveau

se trouve sous la maison de M. Bonnard, et cette situation peut servir à nous orienter... En supposant donc que nous soyons ici sous la rue Sainte-Hyacinthe, nous n'avons qu'à tourner droit au sud pour atteindre le Val-de-Grâce.

Il se mit à consulter son plan de Paris et sa boussole; Chavigny, l'œil collé contre la crevasse du mur, examinait les faux monnayeurs.

— Partons, dit enfin Philippe; il faut

découvrir une route qui aille vers le sud, et cette recherche peut être longue.

— Quoi ! ne jouerons-nous pas quelque bon tour à ce vieux fripon, qui se promène là fièrement les mains derrière le dos ? L'occasion est pourtant bien tentante... Continue ton chemin, Philippe je te rejoins à l'instant.

— Que veux-tu donc faire ?

— Une bagatelle... Tu vas voir.

Il joignit ses mains de manière à former une sorte de porte-voix ; puis, appliquant cet appareil à la fente du mur, il cria d'une voix creuse et sépulcrale :

— Bonnard, ta femme te trompe et tu seras pendu !

Au premier son de cette voix humaine, le balancier s'était arrêté, le ronflement de la forge avait cessé ; chaque ouvrier semblait frappé de terreur. Le chef, pâle et immobile, écoutait bouche béante.

Enchanté de l'effet qu'il produisait, l'espiègle abbé répéta par deux fois, d'une voix qu'il rendait de plus en plus lamentable, son lugubre avertissement :

— Bonnard, ta femme te trompe et tu seras pendu !

Puis il s'enfuit en riant aux éclats et en laissant les faux monnayeurs dans une consternation inexprimable. On avait interrompu les travaux ; les lumières s'étaient éteintes subitement ; les ouvriers couraient effarés, vers un escalier situé de l'autre côté de l'atelier, sans écouter Bonnard qui les rappelait.

L'abbé, tout glorieux du succès de sa plaisanterie, rejoignit Lussan ; il le trouva sombre et mécontent.

— Tu es heureux, Chavigny, lui dit Philippe, de pouvoir rire, être joyeux... Mais tâchons, s'il est possible, de réparer le temps que nous font perdre ces difficultés sans cesse renaissantes.

Et il se remit en marche; l'abbé, honteux d'avoir mérité ces reproches, l'accompagnait l'oreille basse.

Une demi-heure s'écoula encore. Les deux amis ne causaient plus; leur unique pensée, maintenant, semblait être d'avancer avec rapidité. Lussan était soucieux : il venait de s'apercevoir que la route, au lieu d'aller vers le sud, tournait insensiblement et semblait revenir sur elle-même. Il en prit une autre, puis une autre encore ; mais aucune ne suivait franchement la direction souhaitée. Un nouvel incident vint faire diversion aux angoisses des jeunes gens.

Depuis quelques instants, ils entendaient dans le lointain cette psalmodie lente et solennelle dont Philippe avait été frappé déjà lors de sa première visite aux carrières. Mais cette fois les chants devenaient plus distincts, on put constater qu'ils différaient en tous points de ceux en usage dans le rit catholique, bien qu'ils eussent peut-être avec eux une commune origine.

— Que peut être cela? demanda Philippe.

— Bah! cette portion de Paris est remplie de couvents; ce sont sans doute des moines bruns ou blancs, ou noirs, qui chantent matines.

— Non, non, Chavigny ; ces sons viennent des carrières mêmes ; ils ne nous arriveraient pas avec tant de netteté s'ils avaient traversé la croûte de pierre qui nous sépare du sol. Et puis, dans quelle église catholique as-tu jamais entendu ce rhythme bizarre, toi qui es neveu d'un évêque et abbé ?

— *In minoribus*, Philippe, c'est-à-dire qu'il m'est permis d'être ignorant au sujet de..... Mais en effet, quel office du diable chantent donc ces gens-là ?

— Quels qu'ils soient, nous nous devons à nous-mêmes, nous devons au succès de notre entreprise de chercher à voir ces inconnus, à leur parler. Peut-être ma pauvre Thérèse, perdue dans les souterrains, sera-t-elle venue implorer leur appui.

— Fort bien, Philippe ; mais, à en juger par les voix, il sont extrêmement nombreux ; s'ils se cachent ainsi dans les entrailles de la terre pour chanter leurs cantiques, c'est qu'apparemment ils ne se soucient pas d'être observés par des profanes..... Nous avons beau être vaillants, nous ne serions pas les plus forts.

— Je te devine, Chavigny ; tu n'as pas encore comme moi de raisons pour exposer ta vie..... J'irai seul, et grâce à ma boussole, grâce aux signes que j'ai tracés sur les parois des carrières, il te sera facile de retrouver l'escalier de la rue de Vaugirard.

— Par les neuf muses ! ami Philippe,

dit le petit abbé avec impatience, tu es vraiment insupportable ! Si j'écoute mon humeur frivole, tu m'accuses d'étourderie; si je parle de sages précautions à prendre, tu veux me congédier. Sache donc bien, une fois pour toutes, que je ne te quitterai pas d'une semelle tant que nous serons dans ces lieux, d'abomination et de désolation. Je n'ai besoin ni de ta boussole, ni de tes cartes, ni de tes marques auxquelles je ne comprends rien... Marche, et je te suivrai.

— Allons! j'ai tort d'avoir douté de

toi, dit Philippe avec cordialité; mais ne crois pas que j'aille m'exposer imprudemment à tomber dans un piége ; nous ne braverons le danger que dans le cas d'absolue nécessité.

— Comme tu voudras, dit le petit abbé d'un air d'insouciance en grignotant une tablette de chocolat.

Ils arpentaient la galerie avec rapidité et se rapprochaient sensiblement du point d'où les chants semblaient partir. Tout à coup, au détour du couloir, ils aperçurent à une grande distance de nombreuses lumières devant lesquelles passaient et repassaient des ombres.

— Éteignons nos lanternes, dit Philippe, nous pourrions être aperçus..... D'ailleurs, nous ne risquons pas de nous égarer.

— Un phare moins éclatant nous a dirigés dans un chemin plus long et plus compliqué, dit l'abbé en soufflant sa bougie; mais que diable peuvent être ces hommes là-bas? Des convultionnaires? des francs-maçons? des disciples de Swedenborg?

— Nous allons le savoir, Chavigny, donne-moi ta main.

Il leur fallut encore près de dix minutes pour atteindre la partie des souterrains où brillaient les lumières. De moment en moment, ils devaient redoubler de précautions pour ne pas être aperçus des mystérieux inconnus. Les chants cessaient par intervalles ; alors une voix pleine et sonore récitait seule une sorte d'oraison. Quand les jeunes gens arrivèrent à l'extrémité de la galerie, ils se baissèrent et se mirent à ramper afin de ne pas attirer l'attention de plusieurs personnes chargées de garder l'entrée du passage. Enfin, ils se glissèrent dans un atelier qui servait de vestibule au lieu d'assemblée, et, se postant derrière un pilier, ils purent contempler le plus merveilleux tableau.

CHAPITRE SEPTIÈME

VII

Le temple.

L'endroit où se tenait l'assemblée ne semblait pas faire partie des carrières que Lussan et Chavigny venaient de parcourir. C'était une sorte de temple souterrain qui, malgré sa parfaite conservation, remontait à la plus haute antiquité. Il avait pour support des pilastres engagés dans la muraille; les chapiteaux de ces pilastres, délicatement sculptés, rappelaient les plus beaux temps de l'art romain. Un grand nombre de drapeaux, aux couleurs de toutes les nations de l'Europe, ornaient la voûte conjointement avec de grandes lampes d'argent soutenues par des cordons de soie. Des trophées d'armes antiques et de drapeaux décoraient les murs ; entre les trophées, des torchères de métal soutenaient des bougies qui répandaient un éclat éblouissant.

Au centre de l'enceinte s'élevait un autel doré, auquel on montait par plusieurs marches couvertes de riches tapis. Sur cet autel, visible de toutes les parties du temple, était posé un chandelier d'or à sept branches, où brûlaient des parfums, un coffret en bronze ayant la forme d'une église gothique, un livre ouvert écrit en lettres d'or, une épée ancienne, une crosse et un mître. Tous ces objets, exposés à la vénération des assistants, semblaient être pour eux des reliques du plus grand prix.

L'assemblée se composait de deux ou

trois cents personnes, disposées suivant un ordre hiérarchique ; chaque catégorie était caractérisée par une place et un costume différents. Tout autour du temple régnaient des bancs de bois de chêne poli en forme de stalles. Le dernier rang de ces bancs était occupé par des hommes uniformément vêtus de robes noires, tête nue, une épée à la main ; ils semblaient avoir un grade inférieur dans l'association et être chargés de servir les autres. Sur les premiers bancs, au contraire, étaient assis un grand nombre de personnages graves et pleins de noblesse. Leur costume consistait en un ample manteau de bure blanche ; sur l'épaule gauche ressortait une croix octangulaire en drap rouge ; un baudrier blanc soutenait leur épée. Enfin, sur une estrade surmontée d'un dais cramoisi, en face de l'autel, se tenaient les dignitaires de l'ordre. Quatre personnages, portant l'habit blanc et la croix rouge à l'épaule, étaient placés sur une même ligne ; et au-dessus d'eux, dans un fauteuil massif assez semblable à un trône, on voyait le chef ou plutôt le pontife de cette mystérieuse association. Des halebardiers aux riches costumes gardaient, appuyés sur leurs lances, toutes les issues du temple souterrain.

Le pontife était un homme de haute taille, d'une prestance et d'une majesté singulières. Il portait aussi le grand manteau blanc et la croix rouge à huit pointes, mais il avait sur la tête une mître de forme bizarre et tenait à la main un bâton de commandement surmonté d'une boule d'or sur laquelle étaient gravés des signes symboliques. Un livre ouvert était placé devant lui, et, dans l'intervalle des chants, il récitait seul des espèces d'oraisons.

On comprendra facilement la stupéfaction de Philippe et de son compagnon. Ce temple grandiose, ces trophées, ces lumières, cet autel brillant d'or, ces insignes vénérés, puis ces hommes en longs manteaux blancs et noirs, ces gardes, ces chants, cet appareil religieux, tout cela formait pour eux un spectacle magique, surtout après plusieurs heures passées dans le silence et l'obscurité des vides. Aussi croyaient-ils rêver, et Chavigny roulait de grands yeux effarés sans pouvoir prononcer une parole. Ils sentaient la nécessité de s'adresser à quelqu'un des sectateurs de ce culte inconnu pour obtenir les renseignements dont ils avaient besoin; mais la curiosité et une sorte de respect les tenaient cloués à la même place. Malgré le courage de l'un, l'effronterie de l'autre, ils attendaient dans l'ombre un moment plus favorable pour se montrer.

Cependant le chant continuait sur ce mode particulier dont nous avons parlé, et qui semblait avoir une origine orientale. Quand il cessa, le pontife se leva et lut de sa voix forte :

« — Tu étais, ô Israël, un grain de sénevé que je pris dans ma main et que je laissai tomber dans une terre féconde ; tu devins un arbre immense, et les oiseaux du ciel se reposaient sur ta cime, et les nations s'asseyaient à ton ombre. Mais il est écrit dans ma loi nouvelle : tout arbre qui ne produit pas de bons fruits sera coupé et jeté au feu. — Tes fruits, ô Israël, étaient remplis de cendre et d'amertume. Aussi j'ai envoyé mes bûcherons ; l'arbre maudit a été coupé par la racine et ses débris ont été dispersés sur la surface de la terre. »

Ici le chœur, accompagné par une

musique cachée, entonna un chant triste et plaintif. Le célébrant poursuivit :

« — Les temps sont accomplis ; Jérusalem est cachée sous l'herbe, et les reptiles du désert rampent dans les ruines du temple de Salomon. Jérusalem antique, je t'ai repoussée de mon sein, comme une fille ingrate et parjure ; les ministres de ma colère ont détruit avec le fer et le feu ton sanctuaire profané par le culte de Baal et de Moloch. Mais je me rebâtirai sur une terre nouvelle un temple plus vaste et plus somptueux que le tien. Mes architectes et mes ouvriers sont à l'œuvre ; le Liban se dépouillera encore une fois de ses cèdres, Ophir de son or, Saba de ses parfums ; le sang des génisses ruissellera de nouveau sur l'autel des holocaustes ; le feu de mon sanctuaire ne s'éteindra jamais. — Quelle est cette milice sainte qui s'avance, à travers les âges, une épée à la main, pour frapper le lion et le dragon ? — Je vous reconnais, vaillants soldats ; je vous ai choisis parmi les saints et les forts pour exterminer mes ennemis. Par vous, j'exalterai les faibles et j'humilierai les superbes ; par vous, mon nom sera respecté des gentils et des adorateurs des idoles ; par vous, je reconstruirai mon temple de marbre et d'or, et tous les peuples du monde viendront se prosterner devant ma face. »

— *Amen ! Hosanna !* répondirent les assistants.

Puis le chœur entonna un hymne de triomphe et d'allégresse.

Mais si curieux que fût ce cérémonial,

les deux amis lui donnaient maintenant une attention distraite. Dans l'espèce d'homélie qu'ils venaient d'entendre, plusieurs expressions avaient éveillé leurs souvenirs. Ils regardaient surtout avec une extrême attention le pontife assis sur le trône en face de l'autel. Chavigny se pencha vers son compagnon :

— Philippe, dit-il, n'as-tu pas reconnu dans cette oraison certaines choses que tu as pu lire déjà dans une ou deux lettres à ton adresse ? Hein ! que penses-tu des *saints* et des *vaillants*, choisis pour frapper le *lion* et le *dragon* ?

— En effet, ce rapprochement est remarquable ; et toi, à ton tour, as-tu remarqué la ressemblance étonnante du personnage principal de cette assemblée avec...

— Cette ressemblance existe donc ? Je n'osais exprimer ma pensée ; et cependant cette voix, ces traits... oui, je n'en doute plus... c'est lui, c'est notre rédacteur d'articles apocalyptiques, c'est l'abbé de la Croix.

— J'avais cru le reconnaître aussi... Mais tais-toi, de grâce, on pourrait nous entendre.

— Eh ! que nous importe maintenant ? ce bon abbé peut être fort ennuyeux, mais il ne m'a jamais paru bien redoutable... Ah ça ! quel rôle joue-t-il donc ici ? Est-il évêque, roi, président, grand rabbin ou grand lama ? Je veux être pendu si je devine ?

— Nous le saurons sans doute ; mais tais-toi, te dis-je, on nous écoute.

En effet, un des hallebardiers, qui gardaient l'entrée du temple, entendant un léger chuchottement derrière lui, venait de se retourner. Un mouvement inconsidéré de Chavigny trahit les jeunes gens. Aussitôt le hallebardier s'écria :

— Sacrilége ! profanation ! Des impurs se sont glissés parmi nous !

Ce cri d'alarme jeta l'assemblée dans un trouble inexprimable. Les chants se turent; tous les assistants se levèrent, les uns avec une expression de colère, les autres avec une frayeur évidente. Au milieu de cette confusion générale, cinq ou six hallebardiers et autant de ces personnages vêtus de noir, initiés d'un ordre inférieur, s'élancèrent dans le couloir avec des armes et des flambeaux. En un instant, les deux amis furent cernés; des épées nues menacèrent leurs poitrines.

Chavigny avait saisi ses pistolets et

voulait résister, Philippe l'en empêcha.

— Pas de violence, dit-il, Chavigny, je t'en conjure..... Et vous, messieurs, ajouta-t-il en s'adressant aux assaillants, que nous voulez-vous ? Nous nous sommes égarés dans ces carrières, le hasard seul nous a conduits ici..... Mais si la personne qui vous commande est vraiment M. l'abbé de la Croix, je vous prie de nous conduire à lui, et je suis sûr...

— Quoi ! connaîtriez-vous notre illustre grand-maître? demanda d'un air surpris un des sectaires.

— Pardieu! si nous le connaissons! s'écria Chavigny, un peu ému de voir briller toutes ces épées; nous sommes avec lui comme les cinq doigts de la main; l'abbé de la Croix, grand-maître de l'ordre de... Malte, c'est notre intime à tous les deux!

Il y eut parmi les assistants un petit rire de mépris, comme si Chavigny eût lâché quelque grosse sottise ; mais un des personnages en manteau blanc s'approcha et dit d'un ton d'autorité :

— Mes frères, conduisez ces profanes au grand-maître; il décidera de leur sort.

Aussitôt on saisit les jeunes gens, qui ne firent aucune résistance, et on les entraîna dans le temple.

Leur présence produisit une vive fermentation dans l'assemblée ; on se précipitait vers eux pour les voir ; les gardiens avaient peine à leur frayer passage à travers la foule. Les uns semblaient fanatisés et leur adressaient des injures, des menaces ; d'autres les regardaient avec une curiosité sombre inquiète. Seul, au milieu de l'agitation générale, celui qu'on appelait le grand-maître conservait son sangfroid, attendant qu'on amenât devant lui les coupables.

Cependant, cette impassibilité disparut dès qu'il eût jeté un regard sur eux. Un vif étonnement se peignit sur son visage austère; il se leva précipitamment de son trône.

— Philippe de Lussan! l'abbé de Chavigny ! s'écria-t-il ; comment se trouvent-ils ici ?

— Monsieur l'abbé, dit Philippe avec fermeté, je ne comprends pas la cause des outrages...

» — Appelez-moi « grand-maître, »

interrompit le pontife majestueusement, c'est le titre qui m'appartient dans cette enceinte.

— Je vous appellerai comme vous voudrez, mais je proteste contre les violences de ces gens qui semblent être à vos ordres..... Mon ami et moi, nous sommes descendus pour une affaire du plus haut intérêt dans les souterrains qui avoisinent votre lieu de réunion ; nous nous sommes égarés, et, attirés par vos chants...

— Il suffit, dit le grand-maître. Mes frères, je prends sous ma protection ces deux hommes; ils me sont également connus. L'un d'eux est un esprit léger et railleur, mais il est loyal selon le monde; nous nous contenterons d'exiger de lui le serment d'usage. L'autre est précisément l'illustre néophyte que nous attendions ce soir, celui que je vous annonçais comme un vase d'élection, une urne remplie de parfums, une tour d'ivoire pour notre saint ordre. Et voyez, révérends précepteurs, chevaliers et écuyers servants du temple de Sion, le doigt de Dieu ne se montret-il pas ici? Ce néophyte, homme de peu de foi, glorieux de sa raison et de sa science terrestre, n'avait pas tenu compte de ses promesses; il ne s'était pas rendu ce soir au lieu que je lui avais désigné, et où deux de nos frères devaient le prendre pour l'amener au puits de l'Épreuve. Obéissant à je ne sais quels misérables intérêts humains, il était descendu, avec son frivole compagnon, dans les allées souterraines qui s'étendent autour de ce lieu sanctifié; il s'était perdu dans les ténèbres extérieures, quand le Seigneur l'a pris par la main, l'a conduit parmi nous, à la fontaine d'eau vive, comme autrefois l'ange conduisit Agar, prête à mourir de soif dans le désert de Pharan.

CHAPITRE HUITIÈME

VIII

Le temple (suite).

Le grand-maître parlait avec une chaleur extraordinaire, comme si vraiment il eût attribué cette rencontre à l'intervention divine.

Cependant, quelques-uns des assistants, les plus vieux et les plus élevés en dignité, fronçaient le sourcil et hochaient la tête d'un air de défiance. L'un d'eux dit tout haut avec une fermeté respectueuse :

— Et le serment, illustre grand-maître !

— C'est juste, répliqua le pontife ; je remercie mon cher frère, le précepteur d'Italie, de m'avoir rappelé le devoir qui m'est imposé par nos immortels statuts. Apportez-moi l'Évangile, et ces chrétiens prêteront le serment selon la loi.

Un des personnages en manteau blanc prit sur l'autel un livre relié en velours sur lequel se détachait la croix rouge à huit pointes, et le posa devant le grand-maître.

On fit étendre la main à Philippe et à Chavigny sur l'Évangile; puis le grand-maître prononça la formule suivante :

« — En présence de Dieu, de la très-sainte Vierge et de tous les saints, sur les mânes de mes ancêtres, sur la tête de mon père et de ma mère, sur le salut de mon âme immortelle, je jure de ne répéter ni à homme, ni à femme, ni à aucune créature humaine ce que j'aurai vu et entendu dans cette enceinte. Je jure de n'en parler ni à épouse, ni à confesseur, fût-ce au lit de la mort ; ni de l'écrire, ni de le faire entendre par signe, à la face du soleil ou dans les ténèbres, dans un lieu profane ou dans un lieu consacré. »

Sur l'ordre du frère au manteau blanc, qui semblait être un maître de cérémonies, chacun des deux jeunes gens répéta d'une voix distincte :

— Je le jure.

« — Si je manquais à ce serment, poursuivit le grand-maître, puissé-je être rongé de la lèpre, comme Job, dévoré par les chiens comme Jésabel, brûlé par le feu du ciel, comme Coré, Dathan et Abiron. — Que je sois maudit et anathème dans tous les membres de mon corps et dans toute mon âme ; anathème dans mes biens et dans mes serviteurs ; anathème dans mon père, ma mère et mes enfants, et les enfants de mes enfants, jusqu'à la septième génération. *Amen.* »

— *Amen*, répétèrent Philippe et Chavigny.

Alors ils furent libres. Le petit abbé semblait tout abasourdi de la solennité de ce serment; mais Philippe disait avec un sourire amer à ceux qui l'entouraient :

— Eh! messieurs, ce n'était pas la peine d'en demander si long..... Il vous suffisait d'exiger notre parole d'honneur.

Le grand-maître feignit de n'avoir pas entendu cette observation passablement mondaine; il se leva et s'adressant à l'assemblée.

— Mes frères, dit-il, le serment a été prêté selon nos rits immuables... Maintenant, laissez-moi conférer avec nos hôtes... Le chapitre est suspendu.

Aussitôt, la foule cessa de se presser autour de l'estrade. Parmi les assistants, les uns se mirent à se promener dans l'espace vide autour de l'autel, les autres formaient des groupes où l'on causait avec animation, bien que la sainteté du lieu et la présence du grand-maître parussent comprimer en partie l'expression de leurs pensées.

Philippe et Chavigny éprouvaient une grande impatience de s'entretenir en particulier avec l'abbé de la Croix, le chef suprême de l'association. Celui-ci, quand les dignitaires qui occupaient l'estrade avec lui se furent mêlés à la foule, entraîna Philippe dans un coin du dais, sans avoir l'air de remarquer la presence de Chavigny.

— Philippe de Lussan, dit-il d'un ton de reproche, est-ce donc là ce que vous m'aviez promis? Le jour où Dieu s'est servi de moi pour vous tirer des cachots de la Bastille, n'aviez-vous pas pris l'engagement de vous rendre à mon premier appel?

— Je suis coupable, monsieur l'abbé, dit Lussan. Malgré mon peu de sympathie pour les réunions de cette nature, je n'aurais eu garde de manquer à ma parole si des circonstances de la plus haute importance n'en avaient décidé autrement..... Mais votre temps, sans doute, est précieux comme le mien, et ce n'est pas le moment des longues explications. Par grâce, monsieur l'abbé, pouvez-vous me dire où nous sommes ici ?

— Dans les substructions du palais des Thermes, dont les uns attribuent l'édification à Julien-l'Apostat, les autres à Constance Chlore. Cette partie souterraine du palais a moins souffert que l'autre, comme vous voyez, des injures du temps et du vandalisme des bar-

bares; on y pénètre par un escalier secret situé dans une maison de la rue de la Harpe. Depuis bien des années déjà elle sert de lieu de réunion aux débris de notre ordre persécuté.

— Et cet ordre, quel est-il ? demanda Philippe.

— Quoi! mon fils, ne le savez-vous pas? reprit l'abbé d'un air surpris ; ce costume historique dont nous sommes revêtus, cette croix à huit pointes, ces

symboles si connus ne vous l'ont-ils
pas révélé? Vous voyez les descendants
et les héritiers de ces illustres chevaliers du Temple, qui, après avoir versé
leur sang pour la foi en guerroyant contre les infidèles, furent martyrisés et
mis au ban des nations par un pape
avide de leurs trésors et un roi sangui-
naire. Ces hommes vêtus de noir sont
les écuyers ou servants qui aspirent au
grade de chevalier. Ces personnages
en manteau blanc sont les chevaliers-
compagnons ; les dignitaires qui sié-
geaient tout à l'heure au-dessous de moi,
sous le dais, sont les précepteurs ou

chefs des différentes loges que nous possédons chez toutes les nations de l'Europe, et moi, quoique serviteur indigne du saint Temple de Sion, je suis le chef de ce noble troupeau, je suis le grand-maître de l'Ordre!

— Ah ça, il existe donc encore des Templiers? demanda Chavigny, qui s'était approché avec sa hardiesse ordinaire; je l'avais entendu dire, mais je ne pouvais y croire. Je m'imaginais, comme le vulgaire, que Jacques de Molay, brûlé vif il y a cinq cents ans, au temps de Philippe-le-Bel, avait été le dernier grand-maître du Temple, et que l'Ordre avait été aboli par une bulle du pape, à la même époque.

— Monsieur l'abbé de Chavigny a dû longtemps étudier l'histoire et la théologie pour savoir cela, dit le grand-maître avec ironie ; mais Jacques de Molay, avant de subir son martyre, avait transmis la grande-maîtrise à Marc-Larménius de Jérusalem, qui rallia les débris proscrits et dispersés de notre sainte compagnie. Depuis Larménius, le Temple compte une suite non interrompue de grands-maîtres, parmi lesquels figurent des noms illustres en Europe, et notamment celui de Philippe d'Orléans, régent de France.

— Ne vous offensez pas des doutes de Chavigny, dit Lussan avec un sourire ; vos prétentions peuvent être fondées, mais au premier aspect elles choquent singulièrement les idées reçues : aussi ont-elles besoin, pour être admises, de s'appuyer sur des monuments plus sérieux qu'une simple tradition.

— Et ces monuments ne nous manquent pas, reprit le grand-maître avec orgueil; nous en avons de si importants, de si authentiques que l'esprit le plus prévenu ne saurait les suspecter. Regardez sur cet autel : là se trouvent les trésors de l'Ordre du Temple, les reliques chères et sacrées que nous offrons à la vénération de nos frères dans certaines circonstances solennelles, comme celle d'aujourd'hui. Ces étuis de velours contiennent des chartes qui prouvent la succession régulière et incontestable des grands-maîtres depuis Huges de Payens, fondateur de l'Ordre, jusqu'à nos jours. Ce coffre de bronze renferme les ossements calcinés du bienheureux Jacques de Molay ; cette crosse, cette mître, cette épée, ont appartenu à l'illustre martyr...

Philippe se hâta d'interrompre cette énumération qui pouvait être longue.

— Monsieur l'abbé, dit-il avec distraction, il ne m'appartient pas de discuter la valeur des documents sur lesquels vous vous appuyez ; d'ailleurs, je n'en aurais pas le loisir. Mon ami et moi, comme je crois vous l'avoir dit déjà, nous remplissons en ce moment une mission qui réclame toutes nos forces, toute notre activité, et si j'osais vous demander d'employer à nous rendre service le pouvoir dont vous jouissez ici...

— Parlez, mon fils, dit le grand-maître avec empressement ; peu, bien peu de personnes, dans le cours d'une vie déjà longue, m'ont inspiré l'estime et l'affection que je ressens pour vous. Peut-être m'avez-vous méconnu, mais quoi d'étonnant, puisque vous vous méconnaissez encore vous-même? J'espère pourtant vous prouver bientôt quelle part je prends à votre bonheur, à votre élévation ; déjà même, si vous l'aviez voulu... Mais parlez, en quoi puis-je vous servir? Vous m'êtes cher comme le jeune Benjamin à son père Jacob.

— Je vous remercie de cette amitié, grand-maître ; mais je ne la mettrai pas à de trop rudes épreuves. Je désire seulement savoir si une femme, égarée comme nous dans les carrières, ne serait pas venue cette nuit implorer votre secours ou celui des membres de l'assemblée ?

— Non, mon fils, je n'ai vu personne, et j'aurais été prévenu sur-le-champ d'un fait aussi grave que la rencontre d'un profane autour du peuple. La galerie par laquelle vous êtes arrivés est le seul point de communication entre ce lieu et les souterrains dont vous parlez. C'est là que nous faisons subir à nos néophytes les épreuves de l'initiation ; et il est sans exemple que l'on soit venu de ce côté troubler nos mystères. Mais auriez-vous assez de confiance en moi, mon fils, pour me dire quel est le but de ces questions?

Philippe lui apprit en peu de mots la disparition de mademoiselle de Villeneuve au couvent du Val-de-Grâce. L'abbé de la Croix réfléchit un moment.

— C'est une aventure incompréhensible, dit-il enfin; mais, depuis peu, certains bruits ont couru parmi nos frères sur ce qui se passait dans ces cryptes inexplorées. Elles sont hantées, dit-on, par un être méchant, insaisissable, qui peut voir dans les ténèbres et dont les redoutables caprices se manifestent par d'affreux désastres à la surface du sol parisien... Et vous croyez, mon fils, que votre fiancée a pu tomber au pouvoir de ce monstre abominable?

— Je n'ai pas dit cela, monsieur ; que le ciel m'en préserve! répliqua Philippe en pâlissant, j'ignorais même l'existence... En effet, ajouta-t-il avec une terreur croissante, l'intervention de cet être malfaisant pourrait seule expliquer certaines circonstances tout à fait obscures de cette disparition. On a certainement usé de ruse ou de violence pour entraîner Thérèse dans ces carrières. Mais alors le danger de cette malheureuse jeune fille est plus grand encore que je ne l'imaginais ; nous ne devrions pas être ici... Pardon, monsieur l'abbé... pardon, grand-maître... Chavigny, es-tu prêt ? Partons.

Philippe était dans un état d'agitation qui faisait peine à voir. Le grand-maître le retint par un geste amical.

— Mon fils, reprit-il, je ne désapprouve pas votre tendresse pour Thérèse de Villeneuve ; quoiqu'elle soit fille d'un de ces hommes qui se prosternent devant le Mammon d'iniquité, elle est chaste comme Rébecca et belle comme Rachel. Non, encore une fois, le Temple ne désapprouverait pas cette union et la favoriserait même de tout son pouvoir. Mais réfléchissez-vous à quoi vous vous exposez en poursuivant votre audacieuse entreprise? Ces carrières abandonnées depuis des siècles, menacent ruine de toutes parts et peuvent à chaque pas vous écraser sous leurs débris.

Enfin, les gens mal intentionnés qui les fréquentent...

— Nous avons déjà parcouru plusieurs lieues dans ces souterrains, dit Philippe avec impatience, et vous nous voyez sains et saufs. D'ailleurs, Chavigny et moi nous sommes armés; à nous deux nous viendrons aisément à bout de plusieurs ennemis. Si donc vous ne pouvez nous être d'aucun secours...

— Un moment, un moment donc, imprudent jeune homme. Vous ignorez les grandes choses auxquelles vous êtes appelé, vous ignorez de quel prix est cette existence que vous jouez avec tant de témérité pour une femme! Mais puisque vous êtes si résolu, je vais vous servir comme vous le désirez.

Et se tournant vers un groupe de templiers qui se tenaient à quelque distance de l'estrade :

— Qu'on dise à Salomon Hartmann de venir sur-le-champ, commanda-t-il.

Aussitôt, ceux à qui il s'adressait se dispersèrent pour exécuter cet ordre.

— Salomon Hartmann, dit le grand-maître à Philippe, est un Allemand du cercle de Wesphalie. Il vint dans sa jeunesse s'établir en France, et exerça longtemps la profession de carrier aux environs de Paris. Il paraît qu'il menait à cette époque une vie assez irrégulière, s'adonnant à l'intempérance...

— Il buvait comme un templier ! marmotta Chavigny.

Heureusement, pour la conservation de la bonne harmonie entre les deux amis et le grand-maître, celui-ci n'entendit pas la réflexion assez malsonnante du joyeux abbé.

— Devenu vieux, poursuivit-il, et voyant ses forces décliner, Salomon Hartmann se souvint qu'autrefois, en Allemagne, il avait reçu le premier grade de notre ordre. Il parvint à découvrir le siége de la grande-maîtrise à Paris, et il se fit reconnaître de nous par les signes d'usage. Si bas qu'il fût tombé, nous lui devions notre appui ; nous le lui promîmes, à la condition qu'il s'en rendrait digne. En effet, il s'est amendé, quoiqu'il succombe encore parfois aux faiblesses du vieil homme, et la garde de ce temple souterrain, aux heures où les chevaliers ne ne s'y réunissent pas, lui est confiée. Il vit donc, la plupart du temps, seul ici, et nul, dit-on, n'a pénétré plus loin que lui dans les carrières. Il pourra, sans aucun doute, nous fournir des renseignements précieux.

— En effet, dit Philippe; et s'il consentait à nous servir de guide...

— S'il consentait? répéta le grand-maître avec un sourire. Sachez, mon fils, que tous ici, depuis le plus grand (et il en est de très grands) jusqu'au plus humble, doivent m'obéir aveuglément, selon le vœu qu'ils ont prononcé en entrant dans notre ordre. Ma volonté est souveraine sur toutes les loges de notre rit existant dans les quatre parties du monde... Mais voici Salomon Hartmann.

Un vieillard, vêtu de la robe noire des écuyers ou servants, fendait la foule pour arriver jusqu'au dais. Il était de haute taille et robuste encore, mais voûté ; sa grosse tête carrée semblait attachée immédiatement sur ses larges épaules. Sa figure, encadrée d'une inculte barbe blanche, était une bonne figure germanique ; l'intempérance, ce péché favori du vieillard, s'y manifestait par la protubérance et le brillant coloris du nez ; en revanche, son regard avait je ne sais quelle vivacité qui pouvait être du fanatisme ou de la méfiance.

Cet homme, soit conscience de ses fautes passées, soit sentiment de son infériorité, paraissait pénétré de respect quand il monta sur l'estrade ; il se prosterna presque jusqu'à terre devant le grand-maître.

— Hartmann, dit celui-ci d'un ton bienveillant, vous connaissez parfaitement, à ce qu'on assure, les vastes souterrains dont une partie sert à nos initiations ; cela est-il vrai ?

— Illustre grand-maître et révérend père, répliqua le vieillard avec un accent tudesque des plus prononcés, on n'a pas trompé votre révérence. Autrefois, une personne, une seule, connaissait mieux les carrières que moi ;

mais cette personne est morte depuis longtemps.

— A merveille ! Vous avez donc travaillé dans ces carrières ?

— Moi !... Que le Seigneur nous pardonne nos péchés ! Depuis bien des siècles, aucun ouvrier n'y a donné un coup de pioche ou de pince.

— Mais alors, comment avez-vous pu...

Salomon ne paraissait pas disposé à

répondre franchement ; le grand-maître remarqua son hésitation.

— Hartmann, reprit-il d'un ton ferme, au nom de vos vœux, je vous adjure de dire la vérité. Je suis père spirituel ; mon pouvoir sur les frères du saint temple de Sion est égal, sinon supérieur à celui d'un confesseur..... Je vous demande comment vous avez acquis les connaissances dont vous parlez ?

— Eh bien donc, illustre grand-maître, répondit Salomon avec effort, votre révérence oublie qu'à l'époque où mes yeux s'étaient fermés à la lumière, où l'ivraie et les chardons avaient étouffé dans mon cœur les semences de la foi véritable, je vivais parmi des hommes de Bellial, insouciants de la loi du Christ et de la loi de César. Nous nous servions de ces carrières abandonnées pour introduire en fraude des marchandises dans Paris, et nous consumions à la perdition de notre âme les profits que vous retiriez de cette industrie coupable.

— Je comprends. Et ces hommes

dont vous parlez, ces complices de vos égarements, fréquentent-ils encore ces carrières ?

— Non, non, votre révérence ; les uns achèvent leur vie de misère dans les prisons ou sur les galères du roi ; les autres ont péri ignominieusement sur la place publique.

— Et vous seul, mon fils, poursuivit le grand-maître, vous avez été épargné par la miséricorde divine, afin de vous repentir et d'expier vos erreurs passées. Cependant, on assure que ces souterrains sont encore fréquentés par un personnage au sujet duquel on a seulement des données vagues et contradictoires. Le connaissez-vous?

Le vieux Salomon hésita de nouveau.

— Je ne puis nier que je sache quelque chose de lui, répondit-il enfin en baissant la tête d'un air d'embarras; mais s'il plaît à votre révérence, il faut s'exprimer avec réserve sur une pareille matière.

Le grand-maître, jaloux de son omnipotence, allait insister pour arracher à Salomon le secret que celui-ci voulait cacher ; Philippe de Lussan l'interrompit avec vivacité.

— Par grâce, monsieur, dit-il, réfléchissez de quelle importance le temps est pour moi. Je vous prie de demander à cet homme s'il existe une route souterraine conduisant de cette crypte à l'escalier du Val-de-Grâce, et s'il pourrait nous conduire jusque-là.

— Vous avez entendu? dit le grand-maître à Hartmann ; je vous ordonne de répondre.

— Cette route existe, du moins elle existait autrefois, et il me serait possible de la retrouver. Mais dans les carrières on n'est sûr de rien ; un jour le passage est libre, le lendemain il est fermé par un éboulement. Et puis il y a des inondations, et puis d'autres dangers encore.

— N'essayez pas de nous effrayer, bonhomme, dit Philippe avec fermeté, vous n'y réussirez pas ; aucune considération ne nous arrêtera. Je vous demande si vous pouvez, oui ou non, nous servir de guide jusqu'au Val-de-Grâce ?

— Si notre révérend grand-maître me l'ordonne...

— Je vous l'ordonne, Salomon Hartmann ; mais cela ne suffit pas. Vous allez encore me promettre d'aider ces jeunes gens de tout votre pouvoir dans leur entreprise.

Et le chef des templiers apprit en

deux mots à Hartmann de quoi il s'agissait. Cette fois l'Allemand manifesta une véritable terreur.

— Ne me demandez pas cela, vénérable père, dit-il avec véhémence ; si cette jeune fille est tombée au pouvoir de celui que j'imagine, je vous en conjure, ne vous mêlez pas de cette affaire. Vous ne savez pas combien il est implacable dans ses vengeances ! Depuis plusieurs années il est venu sans doute bien des fois au seuil de ce temple, et il n'a jamais troublé nos saintes cérémonies ; il ne s'est manifesté à nous par aucun acte d'aggression. Si vous l'offensez, les plus grands malheurs nous menacent. Je vous en supplie donc, sur la gloire de notre ordre, sur votre précieuse vie, sur la vie de nos révérends frères du temple, n'exigez pas que j'irrite celui dont nous parlons.

Ces craintes exprimées avec un accent convaincu produisirent quelque impression sur le grand-maître; mais il n'eût garde de laisser voir ce sentiment.

— Fût-ce l'ennemi lui-même, dit-il à

Salomon, vous exécuterez mes ordres. N'avons-nous pas été institués pour frapper le lion qui rôde sans cesse dans les ténèbres en cherchant une proie à dévorer ? Le lion, c'est cet être inconnu, cet esprit méchant, ce démon de la nuit qui erre autour de nous dans les lieux bas et obscurs. Salomon Hartmann, souvenez-vous de vos vœux !

Philippe écoutait avec une impatience croissante ce verbiage mystique.

— Grand-maître, dit-il, j'exige seulement de Salomon Hartmann qu'il nous conduise à l'escalier du Val-de-Grâce. Quant au reste, mon ami et moi nous comptons sur notre courage.

Le vieil Allemand haussa les épaules avec dédain, comme s'il eût sentit l'inutilité du courage dont on faisait parade en sa présence. Le grand-maître reprit :

— Hartmann va vous quitter, Philippe de Lussan ; il sait, selon toute apparence, sur l'habitant des carrières des détails que je voudrais apprendre ; mais vous avez hâte de partir, et nos frères attendent avec impatience la reprise des travaux; je l'interrogerai donc plus tard à ce sujet.

Puis, se tournant vers l'ancien carrier :

— Salomon, lui dit-il, vous allez quitter le costume de l'ordre, qu'il vous est permis de porter seulement dans nos cérémonies, et vous reviendrez aussitôt. Maintenant, écoutez-moi, Salomon Hartmann : l'existence de ce jeune homme (et il désignait Philippe) est plus précieuse que dix des plus illustres existences de notre sainte association, la mienne fût-elle du nombre. Pour un cheveu qui tomberait de cette noble tête, vous auriez à verser des larmes de sang, et s'il lui arrivait malheur par votre faute, vous seriez maudit et anathème septante fois sept..... A genoux, Salomon Hartmann !

Le vieillard se prosterna pieusement. Alors le grand-maître abaissa vers lui son bâton de commandement, ce célèbre *Abacus*, insigne de sa dignité ; il lui mit la boule d'or dans les mains, tandis qu'il tenait l'Abacus par l'autre extrémité.

— Salomon Hartmann, reprit-il d'une voix vibrante, vous jurez par la loi du Dieu vivant, par votre salut éternel, par votre baptême, par notre ordre auguste, de ramener ce jeune homme sain et sauf, fût-ce au péril de votre propre vie?

— Je le jure, répliqua le templier.

— Gloire à Dieu!... Allez en paix, Salomon Hartmann.

Le vieillard baisa la croix gravée sur l'Abacus et sortit.

Philippe et Chavigny observaient tout avec curiosité.

— Je vois, Lussan, dit le petit abbé à voix basse, qu'on prend les plus grandes précautions pour ta sûreté; mais il me semble que l'on ne songe guère à la mienne... Sans doute je passerai pardessus le marché. Cependant...

Un signe de son ami lui coupa la parole; le grand-maître s'était rapproché d'eux.

— Philippe de Lussan, dit-il tout bas, vous allez nous quitter, et quand vous serez rentré dans le monde, surtout si vos recherches ont un heureux résultat, vous nous oublierez peut-être encore une fois. Il est pourtant du plus haut intérêt que je puisse m'entretenir un instant avec vous. Seul, je vous apprendrai des secrets d'une importance immense pour votre avenir... Me promettez-vous de vous rendre enfin à mon invitation, quand j'aurai choisi le jour et l'heure ?

— Ce serait de l'ingratitude après les services que vous m'avez rendus, répliqua distraitement Philippe, et si cette nuit des événements impérieux n'en avaient décidé autrement... Cependant, poursuivit-il, dans le cas où il s'agirait de m'initier à l'association dont il est le chef, monsieur l'abbé de la Croix pourrait me trouver quelque peu rebelle à ses volontés. Je n'aime pas ces formes emblématiques, ces symboles obscurs, quand la pensée peut étendre ses ailes et voler en plein soleil...

— Eh! n'est-il pas besoin de frapper

vivement par des images les esprits vulgaires? dit le grand-maître d'une voix sourde en lui serrant la main. Ces formes et ses symboles n'existeront pas pour vous, Philippe de Lussan ; du premier coup, vous verrez la vérité dans sa gloire et dans sa nudité..... Notre ordre comprend deux classes différentes : l'institut militaire et l'institut de l'initiation intime. Dans le premier, nous admettons des membres de tous les rangs de la société ; nous faisons d'eux des instruments de succès et de pouvoir temporel. L'autre, au contraire, le seul qui ait le secret de notre mission, est composé d'hommes éminents en dignités et en mérites. C'est avec ceux-là que je suis sûr d'avance de vous trouver une réelle sympathie.

— Eh bien! grand-maître, quand mon esprit sera plus calme, je m'empresserai de vous entendre.

— *Amen*, donc, mon fils, et gloire à Dieu !

Tout en parlant, ils étaient descendus de l'estrade et se dirigeaient vers l'entrée des carrières, où Salomon Hartmann les attendait déjà en costume laïque. Comme ils traversaient les rangs des écuyers ou frères servants, une voix rude dit à l'oreille de Philippe :

— Que le Seigneur soit avec vous, monsieur *Sullian !*

Philippe se retourna brusquement à ce nom, qui lui rappelait sa captivité. Il reconnut sous la robe de bure noire, le porte-clés en chef de la Bastille.

— Et avec votre esprit ! dit quelqu'un de l'autre côté.

Cette fois il reconnut, derrière d'amples lunettes d'argent, la figure doucereuse de Salvien-aux-Lunettes, l'espion de police poëte qui l'avait arrêté.

Philippe répondit à cette double salutation par une inclination de tête. Le grand-maître sourit.

— Ce sont les instruments nécessaires dont je vous ai parlé, dit-il à demi-voix.

On était sorti du temple. Au moment de s'enfoncer dans les souterrains, les deux amis firent halte pour prendre congé du grand-maître.

— Allez en paix, mes fils, dit-il, et Dieu vous préserve des embûches du démon de la nuit... Salomon Hartmann, souviens-toi de tes serments!

En même temps, il rentra dans le temple. Au bout de quelques minutes, les jeunes gens entendirent les chants et la musique s'élever, comme un chœur d'esprits aériens, dans le silence des vides.

CHAPITRE NEUVIÈME

IX

Le fontis.

Salomon Hartmann précédait les deux amis d'un pas rapide et assuré. De temps en temps il regardait Philippe et Chavigny à la dérobée, mais sans leur adresser une parole. Sa physionomie offrait un singulier mélange de flegme et d'inquiétude ; d'ailleurs, la répugnance qu'il avait montrée d'abord à se charger de cette mission pouvait raisonnablement mettre les jeunes gens en défiance, malgré la solennité de ses serments.

On s'enfonçait de plus en plus dans l'immensité des vides ; mais Philippe de Lussan crut s'apercevoir, à l'inspection de la boussole, que l'on ne se dirigeait pas vers le sud, comme semblait l'exiger la position relative du Val-de-Grâce. Il en fit l'observation à Salomon

Hartmann, sans toutefois lui montrer d'injurieux soupçons.

— La route directe est barrée par un éboulement, répondit laconiquement le guide.

— Et celle-ci nous conduira-t-elle sùrement à notre but?

— Je l'espère; mais il peut arriver bien des changements dans ces carrières en quelques heures.

— Et dites-moi, mon aimable ami,

demanda Chavigny à son tour avec sa légèreté habituelle, courons-nous encore des dangers ?

Le vieil Allemand secoua la tête.

— Vous voyez, dit-il en montrant les galeries croûlantes, le moindre choc, un cri, un souffle d'air, peuvent déterminer la chute de ces blocs de pierre. Notre vie est entre les mains des esprits.

— De quels esprits parlez-vous, l'ami ?

— Dans mon pays d'Allemagne, nous

en connaissons de deux sortes : les esprits du bien ou de lumière, qui sont les anges ; les esprits du mal ou des ténèbres, qui sont les démons, les gnômes, les sylphes, les farfadets et les revenants.

— Quelle diable de doctrine est cela ? Vos idées me semblent un peu confuses sur la théologie. Mais j'aurais cru qu'en votre qualité de templier vous aviez une grande vénération pour un autre esprit dont vous ne parlez pas.

— Et lequel, monsieur ? demanda Salomon avec une surprise naïve.

— C'est l'*esprit*... de vin, autrement dit saint Bacchus; je gage que vous lui rendez un culte particulier. Et tenez, mon cher, comme il est bon d'avoir des amis partout, tâchez de nous rendre votre divinité favorable, en lui faisant des libations avec ceci.

Il offrit à Salomon un flacon de cristal plein d'une liqueur dorée qui, à travers le bouchon, exhalait un arome délicieux.

Le vieil ivrogne n'avait rien compris au verbiage railleur du petit abbé; mais la vue du flacon parut éveiller toutes ses facultés sensuelles. Ses yeux s'agrandirent démesurément, ses papilles gustatives se mirent en jeu. Après une courte hésitation, il saisit la bouteille, l'examina, la flaira et finit par la porter résolûment à sa bouche. L'accolade fut longue; plusieurs fois Salomon parut vouloir retirer le vase, sans y parvenir; il lui fallut comme un douloureux effort pour l'arracher de ses lèvres. Puis le guide passa gauchement sa manche sur l'orifice du flacon, et le rendit à Chavigny, en murmurant d'un air de béatitude :

— C'est gentil... doux comme sucre!

— Je le crois bien ! le meilleur ratafia des îles qu'on puisse trouver à l'hôtel des Américains, un mélange de nectar et d'ambroisie... Allons, mon ami, encore un petit coup.

Salomon parut violemment tenté ; il avança la main, mais il la retira.

— Non, balbutia-t-il, j'ai juré sur *l'Abacus*, par le saint temple de Sion. Et le frère de Francheville, notre précepteur, a défendu, sous peine d'anathème, de boire du vin ou de l'eau-de-vie jusqu'à l'excès.

— Mais le frère précepteur n'a pas parlé du ratafia des îles.

Cet argument parut sans réplique à Hartmann, qui saisit la bouteille et la vida presque complétement.

— Prends garde, dit Philippe bas à Chavigny ; tu vas le griser.

— Ne crains rien ; j'ai jugé l'homme ; un muid de cette boisson ne suffirait pas pour l'enivrer, et ce qu'il en a bu pourra peut-être lui délier la langue. D'ailleurs, tu en parles fort à ton aise, toi ; on a juré de le défendre jusqu'à la mort ; mais moi, *corpus vile*, j'ai besoin de me faire un protecteur en cas de péril.

Bientôt, comme l'avait prévu Chavigny, le guide se montra plus expansif et plus ouvert. Il avait surtout des complaisances pour le petit abbé qui l'avait si bien régalé; il l'avertissait chaque fois qu'un obstacle menaçait ses pieds ou sa tête. Chavigny ne tarda pas à profiter de ces bonnes dispositions.

— Ah çà! maître Hartmann, demanda-t-il tout en marchant, vous connaissez sans doute parfaitement l'individu qui habite ces souterrains?

— Personne ne peut se vanter de le connaître bien, répliqua le vieil Allemand d'un ton laconique.

— Allons donc ! Tout à l'heure, en causant avec votre grand-maître, vous paraissiez être au mieux avec ce personnage... Vous pouvez nous dire du moins comment il s'appelle ?

— Un nom est utile quand on vit parmi les hommes ; mais quand on vit en dehors de l'humanité, sans aucun rapport avec ses semblables, à quoi pourrait-il servir ?

— Enfin, ce personnage est-il jeune, est-il vieux? vous avez dû le voir souvent.

— On ne le voit pas; on le devine quand il passe dans l'ombre, et c'est tout.

— Cependant, encore une fois, vous le connaissez?

— Je ne puis le dire... on le craint, on subit sa haine ou sa colère, on le cherche ou on l'évite, mais il ne se laisse jamais pénétrer.

— Voyons, mon ami, demanda Philippe, qui écoutait avec intérêt ce dialogue, vous me paraissez avoir un goût déterminé pour le merveilleux, comme tous vos compatriotes d'outre-Rhin. Néanmoins vous êtes trop sensé pour ne pas comprendre que cet homme ne saurait vivre ici sans le secours de ses semblables.

— J'oserais à peine affirmer que c'est un homme, soumis aux mêmes besoins que nous.

— Tout ceci est bien extraordinaire, reprit Chavigny ; mais vous devez savoir quelle est la partie de ces souterrains qu'il fréquente habituellement?

— Il est tantôt ici et tantôt là; il peut être à portée d'entendre nos paroles.

— Et le croyez-vous capable de nous attaquer?

— Il est redoutable comme le lion dévorant de l'Écriture; malheur à moi si j'excite sa colère!

— Et d'où s'avez-vous que sa colère est si terrible?

Hartmann se mordit les lèvres et ne répondit pas.

— Ce vieux coquin est un complice de l'autre, dit Chavigny bas à Philippe, et sans doute il essaye de nous effrayer.

— Tu crois? Je penserais plutôt qu'il est démesurément effrayé lui-même.

Le petit abbé tira son flacon où restait un demi-verre de liqueur.

— Eh! frère Salomon, dit-il, ne voulez-vous pas finir ce ratafia?

Le guide s'était montré trop franchement ivrogne pour affecter des airs hypocrites. Il prit la bouteille et la vida d'un trait.

— A la bonne heure! reprit Chavigny, et maintenant, valeureux écuyer du saint temple de Sion, en vertu du principe *in vino veritas,* vous allez nous parler avec franchise de cet homme-diable avec lequel vous paraissez avoir vécu jusqu'ici en bon voisin. Vous conviendrez bien, jespère, que c'est un scélérat de premier ordre, un monstre à face humaine ou non?

Salomon manifestait une terreur qui n'avait rien de joué.

— Ne l'insultez pas, dit-il en regardant par-dessus son épaule ; vous êtes un bon jeune homme, et je serais fâché qu'il arrivât malheur à vous et à votre ami... Ne l'irritez pas par des injures ; car, je vous l'ai dit, il nous écoute peut-être.

— Qu'il nous écoute ou non, répliqua Chavigny, qui cependant ne put se défendre de frissonner un peu, cette fois, nous sommes trois hommes bien armés et munis de tous les objets nécessaires ; il ne serait pas facile de nous effrayer avec des jongleries.

— Silence! dit Philippe en s'arrêtant et en prêtant l'oreille.

On entendit alors, à une grande distance, des cris lamentables. Le vieil Allemand se troubla.

— Sauvons-nous, dit-il, c'est lui sans doute!

— Je vous défends de nous quitter, s'écria Lussan avec autorité; souvenez-vous de votre serment! vous devez nous guider, nous assister en tout ce que nous voudrons entreprendre. Marchez de ce côté, je vous l'ordonne. Il y a là une personne en détresse ; c'est celle que je cherche peut-être.

— Lussan, dit le petit abbé, la voix que nous venons d'entendre n'est pas une voix de femme.

— Chut! écoutons encore.

Les plaintes avaient cessé ; mais, après une courte pause, elles se firent entendre de nouveau.

— Par ici! dit Philippe ; tu as raison, Chavigny, je ne reconnais pas la voix de ma pauvre Thérèse... Mais il importe de secourir la personne inconnue qui nous appelle.

— Serait-ce l'homme-diable ? demanda Chavigny en regardant le guide.

— Décidément non, répondit Hartmann ; celui que vous nommez ainsi n'a pas besoin de nos secours et ne songerait pas à les réclamer.

Tout en parlant, on atteignit un de ces grands ateliers que nous avons décrits plusieurs fois. Celui-ci pourtant avait des proportions beaucoup plus vastes ; le ciel s'en élevait à quinze ou vingt pieds au-dessus du sol. Les parois n'étaient pas visibles dans l'espace éclairé par les lanternes ; on apercevait seulement une forêt de piliers dont quelques-uns avaient éclaté ; la carrière tout entière semblait menacée d'une ruine prochaine. De nombreuses crevasses se tordaient à la voûte comme des serpents noirs ; des pierres énormes, récemment détachées des bancs calcaires, encombraient le passage.

Le vieux Salomon observait avec attention cet aspect alarmant.

— Ne nous arrêtons pas ici, dit-il enfin d'une voix basse et étouffée; ne parlez qu'en cas d'absolue nécessité et gardez que vos pieds ou même vos vêtements effleurent les piliers..... La plus légère imprudence peut nous coûter la vie.

— Il faut pourtant que nous trouvions ce malheureux dont nous avons entendu la voix, dit Philippe avec fermeté ; nous avons traversé des carrières tout aussi dangereuses. Ces galeries qui se soutiennent ainsi depuis des siècles, ne sauraient-elles se soutenir encore pendant quelques minutes?... Mais conduisez-nous, Salomon Hartmann ; je ne me reconnais plus au milieu de ce chaos.

Le vieux guide se recueillit pour s'orienter.

— Les cris venaient de là, dit-il en désignant un couloir à l'angle de l'atelier ; et cette galerie doit précisément nous conduire à l'escalier du Val-de-Grâce.

— Prenons-la donc, au nom de Dieu ! dit Philippe.

Et il courut sans s'inquiéter beaucoup des précautions recommandées par Salomon. Le courageux jeune homme allait s'engager dans le passage, quand l'Allemand, qui jusqu'ici avait marché lentement, sur la pointe du pied, comme s'il eût craint que le sol ne se dérobât sous lui, s'empressa de le rejoindre et le retint par le bras.

— N'allez pas plus loin, dit-il de sa voix basse et pénétrante; cette galerie est impraticable... regardez.

Et il montrait la voûte.

Mais, pour expliquer la défense du guide, nous sommes forcés de donner quelques détails techniques sur les carrières.

Il se forme souvent dans les vides subparisiens et en général dans les cavités souterraines, des éboulements lents et presque insensibles, appelés *fontis* ou *cloches*. D'abord une petite pierre, un grain de sable se détache du ciel de la carrière et tombe sur le sol. Quelques heures plus tard, le lendemain, les jours suivants, de nouveau sable, de nouveau gravier croule encore ; insensiblement ces débris s'élèvent en pyramide, tandis que la voûte se creuse en dôme au-dessus. De ce moment la *cloche* est commencée; elle va s'agrandir avec plus ou moins de rapidité, mais d'une manière continue. Souvent il faut plusieurs années pour qu'elle acquière des dimensions un peu considérables; mais quand elle a pris un certain degré d'accroissement, le plus mince accident, le roulement lointain d'une voiture à la surface du sol, un simple changement atmosphérique, peuvent déterminer la chute d'une masse de terres qui comble, brise, écrase tout sur son passage.

Une cloche de ce genre s'était formée

à l'entrée de la galerie que Philippe allait prendre. La pyramide inférieure masquait à peu près complétement l'ouverture du couloir, et les flambeaux pouvaient à peine éclairer les profondeurs du dôme qui la surmontait. Mais un point avait particulièrement excité les alarmes de l'ancien carrier; il venait de voir quelques grains de sable et quelques pierrailles se détacher de la voûte et tomber sans bruit sur un tas de décombres; or, vu l'état du fontis, la circonstance la plus insignifiante en apparence pouvait causer un effroyable éboulement.

Salomon Hartmann exposa tout cela en quelques mots ; mais ni Chavigny, ni Lussan, plus prudent, ne paraissaient comprendre la grandeur du péril.

— Bah! nous passerons! dit Philippe.

— Oui, oui, nous passerons, répéta l'abbé.

Comme le guide essayait encore de les retenir, les cris lamentables se renouvelèrent. La voix semblait s'être beaucoup rapprochée; sans doute on avait aperçu de loin les lumières et on accourait en toute hâte. Bientôt même il fut facile de distinguer ces mots prononcés avec un accent déchirant :

— Si vous êtes chrétiens, secourez-moi!

Cette prière vainquit les dernières hésitations des deux jeunes gens ; ils voulurent s'élancer dans la galerie, mais Salomon Hartmann les saisit par leurs vêtements et les contint malgré leurs efforts, en s'écriant avec colère :

— *Saprement terteifle*, ne bougez pas... ce gaillard peut venir à vous aussi bien que vous pouvez aller à lui, et peut-être...

Il n'acheva pas : la catastrophe prévue arriva, prompte comme la foudre. Un léger craquement se fit au-dessus de leurs têtes ; au même instant, l'air, vivement refoulé, atteignit leurs lanternes ; ils se sentirent emportés, roulés avec une rapidité qui leur ôta l'usage de leurs sens.

On put croire pendant plusieurs minutes que tout avait péri. Enfin une voix s'éleva ; c'était celle de Lussan. Pris par cette masse de terre, heureusement molle et sans consistance, il avait été culbuté et entraîné à cinq ou six pas, sans avoir aucun mal. Cependant il dut employer sa vigueur peu commune pour se retirer du sable dans lequel il était presque enseveli. Sitôt qu'il put se rendre compte de la situation, il demanda vivement :

— Chavigny... Hartmann... où êtes-vous ?

— Je suis ici, mon frère, répondit le guide, et sain et sauf, j'espère, par la protection du Dieu de Sion et de tous les saints du paradis.

— Et Chavigny, mon cher Chavigny?

Personne ne répondit.

— Hâtez-vous de vous procurer de la lumière, dit Salomon ; le bon jeune homme est englouti dans l'éboulement. Vite, vite !

Philippe, à peine libre lui-même de ses mouvements, s'empressa de chercher le briquet dont Chavigny avait eu la précaution de le munir, et il ralluma sa lanterne, qu'il n'avait pas lâchée dans sa chute. Alors on put avoir une idée exacte du désastre qui venait d'arriver.

La cloche avait entièrement disparu; un gigantesque amas de gravier comblait maintenant l'entrée de la galerie et enterrait jusqu'à la cime les piliers de cette portion du carrefour. Heureusement, les trois hommes ne s'étaient pas trouvés sous le fontis au moment de la catastrophe. Ils avaient été saisis de côté et portés loin du centre par l'avalanche souterraine ; cette particularité avait sauvé deux d'entre eux ; mais le troisième, qu'était-il devenu ?

Le vieux carrier, à qui de pareils accidents étaient familiers, calcula promptement dans quelle direction il devait opérer ses recherches et se hâta de sonder avec ses mains ces terres mobiles, au risque d'ébranler de nouveau leur masse perfide. Philippe l'aidait de tout son pouvoir ; mais ils avaient fouillé l'endroit où le malheureux abbé devait avoir disparu, et Chavigny ne se retrouvait pas.

— Il faut qu'il soit plus bas, dit Salomon, et je ne puis sans les outils nécessaires... Pauvre petit!

— Oh! mon Dieu! s'écria Lussan en se tordant les mains de désespoir, j'aurai causé la mort de mon meilleur, de mon unique ami!

Tout à coup, un gémissement s'éleva derrière lui. Quelque chose s'agita faiblement à l'extrémité du monstrueux amas de terre qui avait failli les engloutir tous.

Philippe s'élança de ce côté, et il aperçut enfin Chavigny. La tête et une partie du bras paraissaient seuls hors du sable ; mais la figure était décomposée, les yeux fermés.

Lussan et le guide, avec une ardeur que justifiait l'imminence du danger, s'empressèrent de débarrasser leur compagnon du poids qui pesait sur sa poitrine et le suffoquait. Bientôt il fut complétement dégagé. Philippe, après s'être assuré qu'il n'avait aucune fracture, ouvrit ses vêtements et se mit à lui frictionner la poitrine et les tempes pour rappeler la circulation suspendue. Sans aucun doute, Chavigny, comme ses compagnons, avait été roulé par l'éboulement et étourdi du choc ; mais moins robuste pour supporter cette violente secousse, il s'était évanoui. Tout annonçait cependant que les secours n'étaient pas venus trop tard et qu'il ne tarderait pas à reprendre ses sens.

En effet, bientôt les couleurs commencèrent à reparaître sur ses joues, ses yeux se rouvrirent ; mais, en même temps, de légères contractions des muscles de la face annoncèrent des souffrances intérieures.

— Eh bien, Chavigny, mon ami, mon

frère, demanda Lussan avec anxiété, te trouves-tu mieux?

Le petit abbé reprit tout à fait connaissance et dit en souriant avec effort :

— Morbleu ! Philippe, voici une fort sotte aventure.

Une toux sèche l'interrompit, et quelques gouttes d'un sang rouge vif parurent sur ses lèvres encore pâles.

— Grand Dieu ! un vaisseau s'est rompu dans sa poitrine, s'écria Lussan avec douleur.

— Bah! ce ne sera rien, dit l'abbé en souriant toujours.

Il voulut se lever, et bien qu'il sentît de douloureuses contusions par tout le corps, il reconnut avec satisfaction qu'il pouvait se tenir debout et marcher.

— A la bonne heure! reprit-il; je craignais, mon pauvre Philippe, de devenir encore inutile et gênant pour toi, comme à notre première descente dans ces infernales carrières... Mais voyons, qu'allons-nous faire maintenant?

— Mon cher Chavigny, dit Philippe

avec attendrissement, j'ai déjà trop abusé de ton dévoûment... Cette dernière secousse peut avoir pour toi des conséquences funestes. Je ne te laisserai donc pas aller plus loin. Salomon Hartmann te reconduira jusqu'au temple souterrain, et te recommandera aux bontés du grand-maître en attendant mon retour.

L'abbé se mit à fredonner et essaya même d'exécuter un joyeux entrechat pour prouver qu'il ne ressentait plus aucun mal. Vainement Philippe employa-t-il toute son éloquence pour lui faire accepter l'arrangement proposé. Chavigny répondit par des bouffonneries d'abord, puis par un refus net. Il fallut donc lui céder, et on délibéra sur la route à prendre.

— Eh bien! et ce pauvre diable qui tout à l'heure appelait du secours, reprit Chavigny, ne tenterons-nous rien pour lui venir en aide?

Philippe, exclusivement occupé du danger de son ami, avait oublié le malheureux perdu sans doute dans les carrières.

— Nous ne pouvons plus rien pour lui, dit Salomon. Il n'est que trop probable qu'il a été écrasé par l'éboulement... Essayons pourtant de nous faire entendre.

Ils poussèrent de grands cris à plusieurs reprises ; mais soit qu'en effet l'inconnu eût été écrasé, soit que le tas de terre qui s'élevait entre eux et lui empêchât toute communication, ils ne reçurent aucune réponse.

— Allons! dit Philippe tristement, la fatalité s'en mêle... Mais il doit y avoir une route pour tourner l'éboulement, et quand nous aurons atteint l'escalier du Val-de-Grâce, nous tenterons de nouvelles recherches.

Hartmann secoua la tête d'un air de doute et ils se remirent en marche pour atteindre ce but insaisissable qui reculait toujours devant eux.

Cette fois Philippe, jusque-là si résolu, éprouvait un découragement profond. Malgré leurs nombreuses aventures, ils n'avaient pu recueillir aucun éclaircissement réel sur le sort de Thérèse. La fatigue les accablait ; ils venaient de courir un danger immense dont Chavigny ressentirait peut-être cruellement les suites ; cependant, selon toute apparence, ces fatigues et ces dangers seraient sans compensation aucune et il leur faudrait retourner parmi les hommes sans résultat favorable.

Enfin, à l'extrémité d'un vaste carrefour, où l'on voyait des traces récentes de consolidation, Hartmann montra un escalier qu'il assura être celui du Val-de-Grâce. La petite troupe fit halte. Pendant que Chavigny se laissait tomber épuisé sur la première marche de l'escalier, Philippe promenait autour de lui un regard d'angoisse.

— Rien, dit-il avec abattement; aucun signe, aucun indice!... Hartmann, poursuivit-il en s'adressant au guide, la partie des vides qu'il nous reste à visiter est-elle plus considérable que celle que nous venons de parcourir?

— Trois fois plus, monsieur; vous n'avez pas idée de l'immensité de ces carrières (1); elles s'étendent depuis le village d'Issy jusqu'au jardin des Plantes. La population entière de Paris pourrait s'y cacher.

(1) Nous donnerons à la fin de ce roman la délimitation précise des carrières sub-parisiennes, d'après des documents authentiques.

— Cependant vous les connaissez toutes

— Pas toutes, monsieur. Une personne aujourd'hui, une seule au monde peut-être, en a parcouru les innombrables détours.

— Vous voulez parler de ce personnage malfaisant qui habite ces souterrains et vous inspire tant d'effroi... J'ai pourtant décidé, Hartmann, que vous nous conduiriez à l'endroit où nous aurons le plus de chances de le rencontrer.

Le vieil Allemand manifesta un véritable désespoir.

— Ah! mon digne monsieur, dit-il, vous ne savez pas ce que vous demandez!... Nous y périrons tous, et si nous en réchappions cette fois, *il* saurait bien me punir plus tard de ma trahison.

— Souvenez-vous de votre serment au grand-maître.

— Oui, oui, j'ai juré sur l'Abacus, je le sais; mais je vous en conjure, mon bon monsieur, ne soyez pas trop rigoureux avec moi! Je suis vieux, mais je tiens encore à la vie! Si vous osiez attaquer celui dont vous parlez, je serais perdu !

— Je vous défendrai.

— Mais demain, dans huit jours, dans dix ans, je ne pourrai plus descendre seul au temple sans risquer d'être frappé par... l'homme de la nuit !

— Vous quitterez ces carrières ; M. de la Croix vous trouvera quelque occupation... Enfin, voulez-vous, oui ou non, tenir votre serment ?

— Je le tiendrai, répliqua Salomon avec un grand soupir; nous nous défendrons s'il le faut, et demain je ne m'exposerai pas à *ses* vengeances... Allons, messieurs, vous l'aurez voulu, ne vous en prenez qu'à vous de ce qui peut arriver... Je vais vous conduire à la fontaine ; on *le* rencontre souvent dans un caveau qui en est voisin.

— Conduisez-nous à la fontaine, dit l'abbé en se levant.

— Non, pas toi, Chavigny, reprit Lussan ; il faut que tu restes à cette place en attendant notre retour. Tu aurais la ressource, si nous tardions trop ou s'il nous arrivait quelque accident, de nous ter au Val-de-Grâce et d'implorer les secours des religieuses.

— Ouais ! dit l'abbé avec une étourderie affectée, elles sont trop vieilles et trop laides. J'aime mieux les carrières.

Et sans vouloir écouter ses compagnons, il se mit en devoir de les suivre.

CHAPITRE NEUVIÈME

IX

La rencontre.

On reprit donc cette marche pénible, incertaine, désespérée, qui durait déjà depuis près de six heures. Sans doute en ce moment le jour était venu et Paris s'éveillait. Mille bruits divers remplissaient les rues; les ouvriers travaillaient en chantant; tout s'agitait, vivait, accomplissait sa tâche dans l'immense fourmilière humaine. Au contraire, dans ces bas-fonds de la tumultueuse cité, toujours même monotonie de silence, d'immobilité, de ténèbres; toujours ces éternelles galeries, étroites, blanches, s'étendant à perte de vue, interrompues de temps en temps par des ateliers aux piliers croulants, aux recoins sombres et mystérieux.

Un quart d'heure se passa encore. Le guide était morne et n'avançait qu'avec une extrême répugnance. Chavigny essayait vainement, par ses saillies, de donner le change sur ses souffrances intérieures. Philippe lui-même marchait lentement, l'air abattu et la tête baissée.

Comme on traversait un couloir humide et boueux, Lussan poussa un cri de joie et ramassa un objet qui faisait contraste par sa richesse et son éclat avec ces lieux horribles : c'était une guirlande de fleurs d'oranger à feuilles d'argent ; elle semblait être tombée de la parure d'une fiancée peu de minutes auparavant. Philippe, après l'avoir examinée, la porta frénétiquement à ses lèvres.

— Thérèse a passé là! s'écria-t-il dans une agitation inexprimable : elle ne peut être loin. Regardez, mes amis, nous sommes enfin sur les traces de Thérèse! Nous allons la trouver! Nous la retrouverons, j'en suis sûr!

Le petit abbé examina la guirlande à son tour et partagea l'opinion de son ami. Comme il se livrait avec Philippe à l'espoir que devait leur inspirer cette découverte, Salomon, inclinant son flambeau, observait attentivement des traces empreintes sur la boue.

— Qu'est-ce encore? demanda Lussan avec impatience.

— Regardez, répondit le vieux guide; c'est bien *lui!* plus de doutes maintenant.

Et il montrait des traces de pieds nus parfaitement distinctes.

— Mais je ne vois pas l'empreinte des pas de Thérèse, dit Philippe; elle a dû pourtant passer en cet endroit, puisque ces fleurs lui appartiennent.

— Sans doute *il* l'emportait dans ses bras, car les vestiges sont plus profonds qu'à l'ordinaire.

— Dans ses bras ! répéta Philippe, dont les yeux lancèrent des éclairs ; c'est donc un rapt, un acte de violence? Oh ! malheur, malheur sur moi ! Ma fiancée, ma Thérèse, cet ange de candeur et de beauté, au pouvoir de ce monstre des ténèbres, de cet être farouche qui se révèle seulement par des crimes et des ruines ! Mais je le retrouverai, je lui arracherai sa proie ! En avant, en avant donc ! dussé-je périr ici, je délivrerai, je vengerai Thérèse !

Il saisit sa lanterne qu'il avait déposée. à terre et se mit en route. Chavigny et le vieil Allemand, effrayés de l'état où ils le voyaient, restaient immobiles. Il se retourna impétueusement.

— Eh bien ! ne venez-vous pas? reprit-il d'un air égaré ; voulez-vous m'abandonner? Avez-vous peur ? Soit, j'irai seul ; aussi bien votre présence serait un embarras pour moi. Je suis prêt à sacrifier ma vie ; je ne dois pas exposer la vôtre. Retournez-vous-en donc. Adieu... ne me suivez pas ; je vous défends de me suivre !

Et il s'éloignait à grands pas. Chavigny, d'abord interdit, le rejoignit malgré sa défense.

— Philippe, dit-il d'un ton de reproche, est-ce bien toi qui me parles ainsi?

Lussan voulut le repousser avec dureté, mais comprenant aussitôt l'injustice de cette aveugle colère, il laissa tomber son flambeau et se jeta dans les bras de l'abbé.

— Mon généreux ami, murmurait-il en fondant en larmes, pardonne-moi, car je deviens fou!

Un pareil attendrissement était trop rare chez Philippe de Lussan pour ne pas émouvoir fortement l'âme impressionnable de Chavigny.

Salomon Hartmann crut le moment favorable pour hasarder de nouvelles instances.

— Mes bons messieurs, dit Salomon, tous les saints de l'ancienne et de la nouvelle loi me sont témoins que ce n'est plus dans mon intérêt que je parle ; quoi que vous ordonniez, je vous obéirai, ainsi que je l'ai juré sur l'Abacus de notre illustre et vénéré grand-maître ;

mais vous ignorez à quoi vous vous exposez. Nous sommes ici entièrement au pouvoir de celui que vous menacez avec tant d'imprudence ; il lui serait facile de nous écraser d'un mouvement de sa main. Et voyez, depuis que vous avez mis le pied dans ces souterrains, n'avez-vous pas rencontré continuellement des obstacles, des difficultés, des dangers qui semblent l'œuvre d'un être supérieur? Ce dernier accident, où nous avons pensé périr tous les trois, ne ressemble-t-il pas à un avertissement d'en haut? Qui sait même si les cris effrayants que nous avons entendus sortaient d'une bouche humaine et s'ils n'étaient pas, comme ces hurlements qui s'élèvent parfois la nuit dans les vieux châteaux de mon pays, une lugubre menace que les morts adressent aux vivants?

Hartmann parlait avec un accent convaincu; ses idées superstitieuses paraissaient sincères; néanmoins il ne parvint pas à ébranler la détermination de Lussan. Celui-ci, comme honteux de sa faiblesse, essuya ses yeux, releva la tête et dit froidement :

— Mon ami, hâtez-vous de nous conduire à la fontaine.

Le guide obéit en silence, et l'on suivit l'empreinte de pieds nus marquée dans la boue ; mais bientôt le sol, devenant plus sec et plus dur, la trace disparut complétement. Cependant Hartmann avançait toujours. Parfois il tressaillait, son regard était fixe, comme s'il eût aperçu des formes hideuses dans la profondeur des corridors. Sans doute, en approchant de la portion des vides fréquentée par le ravisseur de Thérèse, il s'attendait à quelque nouvelle catastrophe d'autant plus redoutable qu'il ne pouvait en deviner la nature.

On atteignit pourtant la fontaine sans

que rien eût justifié ces appréhensions. Cette fontaine, située à l'angle d'un atelier de peu d'étendue, consistait en un petit bassin taillé dans la roche. Il était plein d'une eau limpide et glaciale qui ne s'épanchait pas au dehors. Sans doute il avait été creusé pour les besoins des ouvriers inconnus qui, dans une haute antiquité, avaient exploité ces carrières, et rarement, bien rarement depuis, il avait servi à désaltérer des créatures humaines.

Philippe, en se penchant sur ces eaux transparentes, que le classique Chavigny comparait à celles du Léthé, eut une nouvelle joie. Il semblait qu'on fût récemment venu puiser à cette fontaine ; quelques gouttes de liquide étaient répandues sur une pierre, et dans l'argile humide on remarquait encore des traces de pieds nus.

— Il est venu là ! s'écria Lussan, et il n'y a pas longtemps. Voyez, voyez ; les traces sont toutes fraîches !

— Ne vous fiez pas trop à de pareils signes, dit Salomon ; la dessiccation est lente, presque insensible dans ces souterrains ; demain, dans huit jours, dans un an, ces empreintes vous paraîtraient à peine moins nettes si des inondations ne les effaçaient pas.

Mais Philippe n'écoutait pas ces observations.

— Nous le retrouverons ! dit-il avec opiniâtreté ; je suis sûr qu'il ne peut être loin. Montrez-moi le caveau qui sert parfois de retraite à l'homme des carrières.

— Sans doute le bruit l'aura fait fuir. Toutefois tenez vos armes prêtes, et si vous l'apercevez, ne l'épargnez pas. Tuez-le, ou nous ne retournerons jamais parmi les vivants !

Philippe et Chavigny s'armèrent chacun d'un pistolet. Le guide leur indiqua de loin une ouverture étroite pratiquée dans la paroi de la carrière.

— C'est là, murmura-t-il.

Philippe s'avança hardiment avec Chavigny, et ils pénétrèrent dans le caveau, tandis que Salomon se dissimulait derrière eux.

Ce réduit, à peine assez élevé pour qu'un homme de haute taille pût s'y tenir debout, avait un aspect sépulcral ; on eût dit un angle rentrant de la carrière qu'on avait clos jadis, on ne sait dans quel but, par une muraille en pierres sèches, de manière à former l'encadrement d'une porte; mais la porte manquait, et l'absence de ferrures prouvait qu'elle n'avait jamais été posée.

L'intérieur nu et raboteux, comme celui d'une grotte creusée par la nature, offrait pourtant des témoignages irrécusables d'habitation permanente. Des planches étaient posées sur le sol et recouvertes de paille; plusieurs vases de faïence, une lampe de fer, un coffret qui contenait des bougies, un grand sac de cuir rempli de poudre de mine et quelques outils à l'usage des carriers, étaient disséminés sur le sol ou sur un rebord qui semblait servir de table. Il va sans dire que l'habitant de ce triste lieu était absent; mais on respirait encore cette fumée âcre que produit une lampe mal éteinte, et sans doute il avait quitté le caveau depuis fort peu de temps.

Philippe, malgré ses préoccupations, fit rapidement l'inventaire de ce bizarre mobilier.

— Voilà donc, dit-il, le repaire de cet être incompréhensible pour qui le mal semble être un besoin de nature, c'est là qu'il prépare ces crimes affreux qui produisent au-dessus de nos têtes la ruine et la dévastation !

— Quel abominable logis ! remarqua Chavigny ; sur mon âme, si jamais son propriétaire est jeté dans les cachots du Châtelet ou de la Bastille, ce coquin pourra se croire dans un palais.

Comme Philippe examinait chaque chose avec une ardente curiosité, un objet blanc, tombé près de l'entrée du caveau, frappa son attention ; il s'empressa de le relever : c'était un mouchoir parfumé, enrichi de dentelles et sur lequel étaient brodées les initiales de mademoiselle de Villeneuve.

— Elle est donc aussi venue là ? s'écria-t-il ; mais qu'en a-t-il fait ? où la cache-t-il ? Oh ! ma vie, ma vie tout entière pour la délivrance de Thérèse !

En ce moment Hartmann, qui s'était tenu en observation à la porte du caveau, rentra.

— Eteignez vos lumières, dit-il d'une voix étouffée ; vous avez sans doute les moyens de les rallumer ?

— Je le crois parbleu bien ! répliqua

Chavigny; mais que se passe-t-il donc?

— Il vient, répliqua le guide avec un accent d'indéfinissable terreur.

— Qui donc?

— Lui! lui!... Mais éteignez vos lanternes et je vous expliquerai ma pensée.

Les deux amis se hâtèrent d'obéir, et Salomon Hartmann les entraîna hors du caveau. A l'extrémité d'une longue galerie apparaissait une lumière semblable à un point rouge dans les ténèbres. On ne pouvait voir celui qui portait cette lumière, mais elle approchait rapidement.

— Il doit se passer quelque chose d'extraordinaire, murmura le vieil Almand ; à quoi peut lui servir un flambeau, puisqu'il a le don merveilleux de voir dans l'obscurité?

— Thérèse est peut-être avec lui ! dit Philippe.

— Non, non, il est seul... mais, de grâce, ne parlez pas si haut ; son oreille habituée au silence pourrait entendre votre voix, malgré la distance ; écoutez plutôt mon plan : nous allons nous cacher derrière les piliers qui sont à l'entrée de cette galerie ; au moment où il passera, nous nous élancerons sans prononcer une parole, nous le saisirons et nous le mettrons hors d'état de fuir. Si pourtant il s'échappe, ce qui ne serait pas impossible, car il est d'une force et d'une agilité prodigieuses, n'hésitez pas à tirer sur lui, car après une pareille agression il n'y aurait plus pour nous d'espoir de salut !

— Ce plan est excellent et il réussira, dit Philippe transporté ; Chavigny, je compte sur toi... Maître Hartmann, servez-nous avec courage et fidélité; je rendrai compte au grand-maître de votre dévoûment et je saurai bien vous en récompenser!

— Ne parlez pas de récompense, répondit le guide avec découragement; peut-être mon conseil vous sera-t-il funeste, peut-être en porterons-nous tous la peine; mais c'est une expérience à tenter... Allons! postons-nous bien vite... Il n'est pas à plus de trois cents pas de nous... Laissez-vous donc conduire; préparez vos armes et n'oubliez pas de faire des signes de croix.

Philippe et Hartmann lui-même se

placèrent à tâtons derrière les deux piliers qui s'élevaient à l'entrée de la galerie. Chavigny, moins robuste, et affaibli par sa chute récente, se tint un peu à l'écart pour les assister au moment décisif. Une fois postés ils gardèrent un silence et une immobilité tels qu'il devenait absolument impossible de soupçonner leur présence.

La lumière continuait d'avancer, bien que son mouvement parût presque insensible. C'était une de ces lanternes qui projettent la clarté sur un seul point et laissent dans l'ombre tous les autres côtés. On eût dit d'une flamme glissant toute seule le long de la galerie et éclairant successivement les irrégularités et les accidents de la carrière. Les trois hommes devinèrent son approche en voyant les objets se colorer insensiblement autour d'eux. Ils se tinrent prêts, la main sur leurs armes, la poitrine haletante.

Enfin le rayon lumineux brilla dans le carrefour même, et l'on put entrevoir une forme vague, au point furtif et léger. A peine eût-elle atteint le lieu de l'embuscade, que Philippe sauta sur elle en poussant un cri qui devait servir de signal à ses compagnons. Ils s'élancèrent à leur tour, mais quels qu'eussent été leur promptitude et leur adresse, ils n'embrassèrent que le vide. La lanterne était tombée par terre, et celui qui la tenait, glissant entre toutes ces mains menaçantes, s'était évanoui comme une ombre.

Cependant Philippe avait senti le courant d'air causé par le passage rapide d'une personne à côté de lui.

— Relève la lanterne, Chavigny, cria-t-il; il s'enfuit, il va nous échapper!

L'abbé se hâta d'obéir et Philippe

entrevit un objet mobile dans les profondeurs obscures du corridor. Alors il n'hésita plus, et saisissant un de ses pistolets, il tira.

Le sable qui se détachait de toutes parts du ciel de la carrière, et les tourbillons de fumée produits par l'explosion, empêchaient de rien voir, mais une sorte de gémissement témoigna que le terrible messager de plomb avait atteint son but.

— De la lumière! s'écria Lussan avec énergie en s'élançant au milieu de la fumée; je l'ai touché, nous le tenons!

Surexcité par la lutte, il se précipi-

tait en avant avec une sorte de frénésie.
Il disparut bientôt dans l'obscurité, bien qu'on entendît toujours le bruit de ses pas et ses appels réitérés.

Tout à coup les appels cessèrent ; un corps lourd tomba comme au fond d'un abîme.

— Philippe ! s'écria Chavigny qui accourait éperdu ; mon cher Philippe ! attends-nous donc !

Il écouta. Un silence de mort régnait dans les vides.

— Dieu de Sion ! dit Hartmann avec inquiétude, il vient d'arriver un nouveau malheur. J'aurais dû songer que ce combat, engagé contre le malin esprit, ne finirait pas bien pour nous!

— Philippe! mon cher Philippe! répétait le petit abbé d'un ton d'angoisse.

— Attendez, reprit le guide en se frappant le front ; et moi qui ne songeais pas à la carrière basse! Oui, oui, ce doit être cela... Venez par ici... C'est une ruse infernale!

Ils se détournèrent un peu de la ligne droite pour visiter un atelier qui traversait la galerie principale. Hartmann, qui s'était emparé de la lumière, fit remarquer à Chavigny une trace de sang parfaitement visible sur le sol.

— Voyez, dit-il d'une voix étouffée, il est blessé. Oh! s'il pouvait en mourir!

— Qui donc? mon pauvre Philippe?

— Non, non, l'autre, l'homme de la nuit.

— Eh! que m'importe que celui-là vive ou meure! Philippe, où est-il? qu'est-il devenu?

Pour toute réponse, Hartmann lui montra une carrière inférieure; on y descendait par cinq ou six marches à peine indiquées dans le roc. Ce second étage souterrain était encombré de pierres détachées de la voûte. Au bas de l'escalier était étendu Philippe privé de tout sentiment.

Il était facile de comprendre ce qui venait d'arriver. Serré de près, l'habitant des vides avait voulu s'échapper par cette galerie basse où la poursuite devenait plus difficile. Familier avec tous les détours et tous les accidents de ces lieux redoutables, il avait pu, malgré l'obscurité, gagner ce passage, comme on en jugeait à la trace de sang qui se prolongeait sur les décombres, de l'autre côté. Mais Philippe, dans son acharnement à le poursuivre, n'avait pas vu l'excavation et était tombé au fond de la carrière.

Chavigny et Hartmann descendirent en toute hâte pour lui porter secours. Le malheureux Lussan ne donnait plus aucun signe de vie ; son beau visage était couvert de contusions ; le sang lui sortait par la bouche et par le nez.

— Grand Dieu ! il est mort ! dit l'abbé avec un saisissement inexprimable.

— J'espère que non, dit Hartmann ; vous vous trouviez dans un état à peine moins alarmant tout à l'heure, et comme vous sans doute il n'est qu'étourdi par la violence du choc.

— Serait-il vrai! Oh! si je pouvais croire... Philippe! Lussan! m'entends-tu? Il ne répond pas ; et voyez, voyez!

Il voulut soulever le bras droit de son malheureux ami ; ce bras paraissait inerte et flexible : il était cassé un peu au-dessous de l'épaule.

En acquérant cette conviction, Chavigny, dont l'organisation délicate et nerveuse était ébranlée déjà par ses souffrances personnelles, fut sur le point de s'évanouir. Cependant il se raidit contre cette défaillance imminente.

— Si nous le portions, dit-il, dans

cette espèce de caveau où nous nous sommes arrêtés tout à l'heure?

— C'est un endroit que je n'aime guère, répliqua le guide; si l'*autre* revenait... Mais non, l'*autre* est peut-être aussi malade que celui-ci; et à moins que le diable qui le protége ne puisse guérir subitement sa blessure, nous n'avons rien à craindre de sa part pour le moment. Transportons donc votre ami au caveau; rien de mieux à faire maintenant.

Il enleva doucement le blessé. Chavigny voulait l'aider mais, Hartmann le repoussa, et lui donna pour tâche d'éclairer la marche. On monta l'escalier avec précaution ; néanmoins, le mouvement de transport arrachait à Philippe des gémissements qui navraient le cœur de l'abbé.

On atteignit le caveau, et Lussan fut déposé, avec le moins de secousses possible, sur le lit de paille. Alors on lava son visage; on étancha le sang qui coulait de ses blessures ; le bras fracturé fut bandé du mieux qu'on put avec un mouchoir. Chavigny, tout en s'empressant autour de son ami, versait d'abondantes larmes, et ne s'apercevait pas que lui-même éprouvait par intervalles une toux sèche du plus alarmant caractère.

Ces soins ranimèrent un peu Philippe; toutefois il n'avait pas repris connaissance; les paroles qu'il prononçait de temps en temps ne présentaient aucun sens raisonnable.

— Eh bien! monsieur quel parti prendre à cette heure? demanda Salomon. Véritablement ce brave jeune homme a besoin de secours plus efficaces que ceux que nous pouvons lui donner; mais vous et moi nous ne parviendrions jamais à le porter jusqu'au temple.

— Et pourquoi non? Essayons, monsieur Hartmann; je suis plus fort que vous ne pensez !

— Vous, mon pauvre enfant, votre visage est aussi blanc que votre rabat de dentelles; au bout de dix pas je serais obligé de vous porter vous-même, ce qui, pour le coup, excéderait mes forces, car je ne suis plus jeune... Non, non, il faut trouver un autre moyen.

— Alors conseillez-moi, mon cher Hartmann, car le déplorable état où je vois mon bien-aimé Philippe... Cherchez vous-même un expédient... mais il faut sauver Philippe! il le faut!

— Consentiriez-vous à rester seul

avec lui pendant que j'irais demander du secours au temple ? Sans doute notre illustre grand-maître s'empresserait d'envoyer chercher ce jeune gentilhomme pour lequel il paraît avoir tant d'attachement et de respect.

— Oui, je resterai seul avec Philippe... Mais, de grâce, partez à l'instant ; ne perdez pas une minute.

— Et vous n'aurez pas peur ?

— Que pourrais-je craindre maintenant ?

— Néanmoins ayez vos armes prêtes et tenez-vous sur vos gardes... Et puis, comme deux pistolets vous seraient inutiles, je vous prie de m'en confier un. J'ai une longue route à parcourir dans les carrières, et si notre ennemi n'était pas aussi grièvement blessé que je l'espère... Dieu de Sion ! il ne me pardonnera jamais les événements de cette nuit !

L'abbé lui remit ce qu'il demandait. Alors Hartmann alluma une lanterne, et après avoir exhorté l'abbé à la patience, il s'éloigna rapidement.

Le blessé n'avait pas repris connaissance et s'agitait sur sa paille en poussant des gémissements plaintifs. Chavigny essaya de le soulager : il renouvela les compresses qui entouraient son front et lui fit respirer un flacon de sels. Mais Philippe restait plongé dans le même anéantissement, et ses mouvements convulsifs exprimaient l'impatience que lui causaient ces soins assidus. L'abbé cessa de le tourmenter, et il s'assit à côté de son ami avec la sollicitude attentive d'une mère qui veille sur son enfant en danger de mort.

Si, dans ce moment, le personnage que Salomon Hartmann appelait l'*homme de la nuit* eût voulu se venger de ses agresseurs, il aurait eu bon marché de tous les deux. Philippe, d'ordinaire si beau, si fier et si hardi, offrai l'aspect d'un cadavre. Chavigny lui-même, malgré le pistolet belliqueusement posé sur ses genoux, était à peine dans un état moins affligeant. Sa tête vacillait sur ses épaules, son regard était éteint. Vus l'un et l'autre dans cette espèce de tombe, à la lueur incertaine d'une bougie, on eût pu déjà les croire rayés du nombre des vivants.

Les heures se passaient, et il semblait à l'abbé, dans sa cruelle impatience, qu'Hartmann eût dû être de retour depuis longtemps avec les secours annoncés, mais rien ne paraissait. Il tressaillait par intervalles; un grain de sable détaché de la voûte, la chute d'une goutte d'eau dans l'éloignement, avaient suffii pour ranimer son espoir; mais quand il prêtait l'oreille, il n'entendait plus que les battements de son cœur et la respiration irrégulière et pénible de son compagnon.

Une fois, pendant cette longue et mortelle attente, l'abbé, en se penchant vers Philippe, vit tout à coup les grands yeux noirs de son ami se fixer sur lui. En même temps Lussan lui demanda d'une voix qui n'avait rien perdu de sa sonorité :

— Chavigny, qu'as-tu fait de Thérèse? Je te la confie, elle est ma fiancée ; défends-la jusqu'à la mort !

Ces paroles étaient trop évidemment l'effet de la fièvre qui s'emparait du malade, pour que l'abbé crut devoir y répondre sérieusement.

Il engagea Philippe à se calmer, en assurant que tout irait bien.

— Le monstre s'est enfui, continua le malheureux Philippe avec un égarement croissant ; il faut le suivre... Mais, tiens, tiens, le voici qui reparait là-bas... Oui, juste ciel ! c'est lui et il emporte ma Thérèse !

— Où donc ? demanda Chavigny en frissonnant.

— Là-bas, au fond de ce couloir obscur... il emporte un objet blanc qui s'agite et se débat; c'est Thérèse... Entends-tu ces cris déchirants ? Elle m'appelle... courons, Chavigny... Courage ! Thérèse, nous voici !

Il voulut se soulever impétueusement, mais aussitôt il retomba sur sa paille en poussant un cri de douleur.

La situation de l'abbé devenait intolérable. Quelques instants de plus, et la fatigue, l'émotion, les souffrances physiques et morales allaient le rendre lui-même incapable d'être d'aucune utilité à son ami, une sueur froide lui découlait du front, la tête lui tournait; à son tour il avait le délire, le vertige.

Enfin, son oreille, habituée au profond silence des carrières, fut frappée d'un bruit léger et lointain d'abord, qui s'accrut par degrés. Quelqu'un s'avançait vers lui; mais était-ce Hartmann qui revenait avec des secours, ou bien l'habitant dépossédé de ce caveau, qui allait revendiquer sa sombre demeure? Chavigny n'eut pas la force de se traîner jusqu'à l'entrée pour s'en assurer.

— Amis ou ennemis, murmura-t-il

dans un effort suprême, libérateurs ou assassins, qu'ils soient les bien-venus, car la mort serait un bienfait pour nous comme le salut !

Et il perdit connaissance à côté de Philippe, qui, épuisé par ses agitations, ne donnait plus signe de vie.

FIN DU QUATRIÈME VOLUME.

Fontainebleau, imprimerie de E. Jacquin.

SUITE DES NOUVEAUTÉS EN LECTURE
DANS TOUS LES CABINETS LITTÉRAIRES

Le Khalifa, par S. Henry Berthoud. 2 vol. in-8.
Raphaël et Lucien, par Michel Masson. 2 vol. in-8.
Le Trouble-Ménage, par Maximilien Perrin. 2 vol. in-8.
El Ihoudi, par S. Henry Berthoud. 2 vol. in-8.
Les Métamorphoses de la femme, par X.-B. Saintine. 3 vol. in-8
Charmante Gabrielle, par M.-J. Brisset. 2 vol. in-8.
Le Débardeur, par Maximilien Perrin. 2 vol. in-8.
Nicolas Champion, par S. Henry Berthoud. 2 vol. in-8.
La Famille du mauvais Sujet, par Maximilien Perrin. 2 vol. in-8.
Un Cœur de Lièvre, par Max. Perrin. 2 vol. in-8.
Diane et Sabine, par Michel Masson. 2 vol. in-8

LE GARDE-CHASSE
par ÉLIE BERTHET.

LE COMTE DE LAVERNIE
par AUGUSTE MAQUET, collaborateur d'ALEXANDRE DUMAS.

LES BOUCANIERS
par PAUL DUPLESSIS.

L'INITIÉ
par HONORÉ DE BALZAC.

LA CHASSE AUX COSAQUES
par GABRIEL FERRY, auteur du Coureur des Bois.

RIGOBERT LE RAPIN
par CHARLES DESLYS, auteur de la Mère Rainette, etc., etc.

LE GUETTEUR DE CORDOUAN
par PAUL FOUCHER.

LES LORETTES VENGÉES
par H. DE KOCK.

Paris. — Imprimerie de Gustave Gratiot, rue Mazarine, 30.

www.ingramcontent.com/pod-product-compliance
Lightning Source LLC
Chambersburg PA
CBHW070851170426
43202CB00012B/2039